中华文明突出特性研究丛书 04

同心同德

中华文明的统一性文献选读

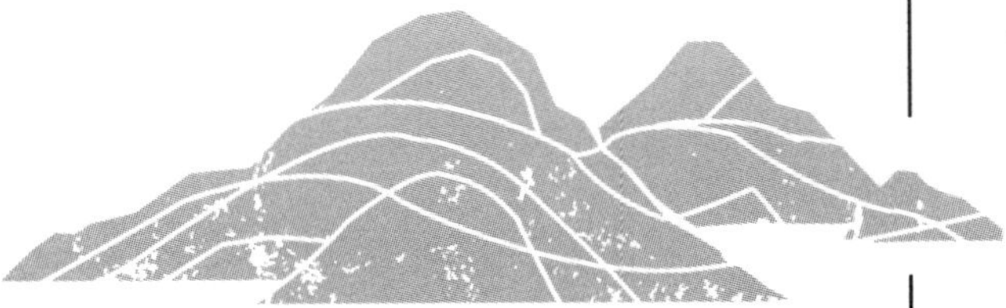

向玉乔—主编

鲁芳 李彬—编著

岳麓書社·长沙

图书在版编目(CIP)数据

同心同德:中华文明的统一性文献选读/鲁芳,李彬编著.—长沙:岳麓书社,2024.4

(中华文明突出特性研究丛书/向玉乔主编)

ISBN 978-7-5538-2071-2

Ⅰ.①同…　Ⅱ.①鲁…②李…　Ⅲ.①文化史—文献—汇编—中国
Ⅳ.①K203

中国国家版本馆 CIP 数据核字(2024)第 089175 号

TONGXIN-TONGDE:ZHONGHUA WENMING DE TONGYIXING WENXIAN XUANDU

同心同德:中华文明的统一性文献选读

丛书主编:向玉乔
编　　著:鲁　芳　李　彬
出 版 人:崔　灿
出版统筹:马美著
策划编辑:刘　文
责任编辑:欧阳慧
责任校对:黄　菲
封面设计:谢　颖

岳麓书社出版发行
地址:湖南省长沙市爱民路 47 号
直销电话:0731-88804152　0731-88885616
邮编:410006

版次:2024 年 4 月第 1 版
印次:2024 年 4 月第 1 次印刷
开本:880mm×1230mm　1/32
印张:8.625
字数:190 千字
书号:ISBN 978-7-5538-2071-2
定价:78.00 元

承印:湖南天闻新华印务有限公司

如有印装质量问题,请与本社印务部联系
电话:0731-88884129

总序

坚定中华文明自信

实现中华民族伟大复兴是全体中国人民的共同心愿。伟大复兴之大局与世界百年未有之大变局复杂交织，中华民族的复兴之路必定充满挑战和坎坷。要实现伟大复兴，中华民族应该坚持以习近平新时代中国特色社会主义思想为指导，坚持中国共产党领导，展现应对复杂国际局势和巨大风险挑战的决心、智慧和能力，坚定道路自信、理论自信、制度自信、文化自信、文明自信、历史自信。文明自信是最核心、最重要的自信，是中华民族道路自信、理论自信、制度自信、文化自信、历史自信的轴心和支柱，能够为中华民族实现伟大复兴提供正确思想理念引领、正确价值观念引领和正确理想信念引领。

一、中华文明因中华民族而兴

中华民族是中华文明的创造者、传承者和发展者，是中华文明的主体，其创造、传承和发展中华文明的主体性不容置疑。中华文明之所以具有强大影响力、感召力、塑造力、引领力、凝聚力、辐射力、发展力，这首先得力于中华民族的文明主体性。没有中华民族的文明主体性和积极创建文明的主体作用，就没有中华文明的繁荣发展。

中华民族的文明主体性是在创造、传承和发展中华文明的历史进程中锤炼而成的。中华民族在中华大地上繁衍生息，开天辟地，战天斗地，砥砺前行，积极进取，奋发图强，展现了自立、自强、自信的集体性精神品质，形成了无比强大的文明主体性，建构了具有突出连续性、创新性、统一性、包容性、和平性的中华文明，为人类文明进步做出了卓越贡献。

中国共产党的坚强领导极大地增强了中华民族的文明主体性。中华民族创造了辉煌灿烂的古代文明，尤其是凭借四大发明闻名于世，古代中国也因此而位居世界四大文明古国之列，但由于在明清时期故步自封、夜郎自大、缺乏国际视野，中华文明在近代陷入前所未有的生存危机。中国共产党在国家蒙辱、人民蒙难、文明蒙尘的紧要关头诞生，将马克思主义引入中国，正确认识和处理马克思主义与中国国情、中华文化的关系问题，坚持把马克思主义基本原理同中国具体实际相结合、同中华优秀传统文化相结合，上下求索，积极作为，开创了中华文明发展新局面。在中国共产党坚强领导下，中华民族的文化自信和文明自信空前高涨。

党的十八大以来，习近平同志高瞻远瞩，对中华民族伟大复兴战略全局和世界百年未有之大变局复杂交织的国内外形势作出正确判断，“对关系新时代党和国家事业发展的一系列重大理论和实践问题进行了深邃思考和科学判断，就新时代坚持和发展什么样的中国特色社会主义、怎样坚持和发展中国特色社会主义，建设什么样的社会主义现代化强国、怎样建设社会主义现代化强国，建设什么样的长期执政的马克思主义政党、怎样建设长期执政的马克思主义政党等重大时代课题，提出一系列原创性的治国理政新理念新思想新战略”①，创立了习近平新时代中国特色社会主义思想。习近平新时代中国特色社会主义思想是中国式现代化和新时代中国特色社会主义建设事业的指导思想，是建设中华民族现代文明和推动构建人类命运共同体的指导思想。自从有了习近平新时代中国特色社会主义思想的正确指导，中华民族以更加自信、更加豪迈的态度推进中国式现代化、新时代中国特色社会主义、中华民族现代文明和人类命运共同体建设，并且在各个领域取得显著成效和巨大成就。

中华民族的文明主体性是中华文明繁荣发展的根本支撑。它凝结着中华民族创造、传承和发展中华文明的自觉性、能动性、创造性，体现了中华民族坚持铸牢民族共同体意识、坚持始终如一、坚持多元一体、坚持团结奋斗、坚持同生共荣、坚持心系世界、坚持造福全人

---

① 中共中央关于党的百年奋斗重大成就和历史经验的决议［M］.北京：人民出版社，2021：25—26.

类的集体品格，彰显了中华民族以理服人、以文服人、以德服人的文明观。

二、中华民族因中华文明而荣

中华文明是中华民族的根和魂。它一旦形成，就一直为中华民族源源不断地提供思想理念引领、价值观念引领和理想信念引领，是中华民族发展壮大、行稳致远的强大精神支撑。

伟大的中华文明造就了伟大的中华民族。一个民族主要是因为它创造了伟大文明而变得伟大。中华文明源远流长、博大精深，具有广泛而强大的国际影响，这不仅说明它具有不容忽视的巨大价值，而且给中华民族带来了耀眼夺目的荣光。

中华文明的悠久历史赋予中华民族深切的历史感。一个民族不能没有文明历史感。文明历史感不仅是一种集体记忆，而且是人类生存意义的主要来源。一个没有文明历史感的民族是无法找到其生存意义的。在当今世界，很多民族因为文明中断而缺乏文明历史感。中华文明历史悠久，不仅仅给中华民族提供了精深厚重、丰富多彩的历史记忆，更重要的是为中华民族提供了深厚而强烈的历史感和生存意义感。

中华文明的持续发展赋予中华民族巨大的成就感。每一个民族都需要有成就感。巨大的成就感，不仅让一个民族具有光荣的集体记忆，而且能够为它的进一步发展提供强大动力。有些民族可能将自己的成就感建立在占领其他民族的领土上，有些民族可能将自己的成就感建立在遏制其他民族的发展上，有些民族可能将自己的成就感建立在民族利己主义行径上，而真正能够让一个民族具有最大成就感的是它所创造的文明。伟大的中华文明是中华民族弥足珍贵的传家宝，是中华民族成就感的根本来源。

中华文明的思想精髓赋予中华民族强烈的幸福感。并非每一个民族都能够享有历史悠久、底蕴深厚、一脉相传的文明。中华文明源远流长、赓续不断、精深厚重，蕴藏于中华优秀传统文化、中国革命文化和中国社会主义先进文化之中，是一个取之不尽用之不竭的智慧宝库，能够给中华民族提供正确世界观、历史观、国家观、人生观、价值观、文明观的启迪，能够给中华民族提供理论智慧和实践智慧的启迪，能够给中华民族提供自强不息、厚德载物、与人为善、以和为贵、团结奋斗、共同发展、胸怀天下、登高望远的道德观启迪。

中华文明是中华民族的共有精神家园。它是中华民族集体记忆的核心内容，是中华民族开拓精神、创造精神、奋斗精神、革命精神、改革精神、伦理精神的结晶，是中华民族生存经验和发展智慧的精华，是中华文化的精髓。只要秉着虚心向先辈学习、向过去学习、向历史学习、向传统学习、向记忆学习的正确态度，我们就能够不断从中华文明中汲取正确看世界的思想智慧、安身立命的人生智慧和造福人民的治国理政智慧。

三、中国因中华文明而强

文明强，则国强；文明弱，则国弱。中华文明的历史演进跌宕起伏，中国的发展历史也呈现为一个时强时弱的过程。中国的发展状况与中华文明的发展状况密切相关，中国的命运也总是与中华文明的命运紧密相连。

中华文明是中国发展状况的风向标。每逢重大历史事件，中国的状况都会通过中华文明的存在格局得到集中体现。经过春秋战国时期的长期战乱，饱受战乱之苦的中华民族渴望实现国家统一，中华文明的统一性对中华民族发挥了价值引领作用，这是秦始皇能够统一中国的民心基础、思想基础。时至近代，外国列强的轮番侵略曾经让中华民族的文明自信受到严重打击，这是中国陷入近代危局的最深层原因。当然，随着中华民族重拾文明自信，中国最终又摆脱了危机，再次雄踞世界东方。

中华文明是中国心。在中国，每当张明敏的爱国主义歌曲《我的中国心》唱起，中华儿女就会热血沸腾、群情激昂。之所以如此，是因为爱国主义是中华民族精神的核心，也是中华文明的核心。中华文明培养了屈原、岳飞、文天祥、戚继光、郑成功、林则徐、李四光、钱学森等伟大爱国者，培养了孙中山、毛泽东、朱德、周恩来、刘少奇等为中国发展鞠躬尽瘁的革命家，培养了蔡和森、缪伯英、杨开慧、刘胡兰等为救国救民而光荣牺牲的革命烈士。他们是中国的脊梁，是中华文明精神的杰出代表。

中华文明是中国魂。中华文明具有物质文明、政治文明、精神文明、社会文明、生态文明等多种形态，但贯穿于这些文明形态之中的是中华民族在历史上形成的正确思想理念、价值观念和理想信念。由于具有正确思想理念、价值观念和理想信念的引导，中国总是能够站在历史正确的一边来谋求自身的发展，总是能够在谋求自身发展的同时心系人类的命运和世界的前途，总是能够坚定不移地走和平发展道路。

中华文明是中国的精神支撑。中华文明在，中国心就在，中国魂就在。国家强大时，中华文明会引导中华民族学习水的美德，做人如水，谦虚谨慎，戒骄戒躁，善利万物而不争，多做有利于人类文明进步的善事，而不是霸道逞强、恃强凌弱、横行天下。国家衰败时，中华文明会引导中华民族学习山的美德，做人如山，坚韧挺拔，自强不息，团结奋斗，积极作为，而不是悲观绝望、自暴自弃、无所作为。无论处于顺境还是逆境，中华民族都能够从中华文明中获取自立、自强、自信的精神力量，都能够从中华文明中获取建设强大国家的不竭动力。中华文明是伟大的中华民族建设伟大中国的底气、志气和骨气所在。

中华文明给中国注入的主要是精神力量，这就是强大的中国精神。中国精神是中华文明的精神内核，是具有中国特色的思维方式、思想理念、价值观念、理想信念、文化传统、实践智慧等构成的一个集体性精神体系，是中华民族繁衍发展、不断壮大的强大精神支撑。它包括阴阳对立统一的辩证思维、尊天法地的思想理念、以德为本的价值观念、求大同的理想信念、以伦理为主导的文化传统、实事求是的实践智慧等等。

四、世界因中华文明而利

中华民族是人类大家庭的重要成员，中国是世界共同体的重要组成部分，中华文明是人类文明体系的重要内容。中华文明的发展状况，不仅决定着中华民族和中国的历史、现状和未来，而且与人类大家庭、世界共同体、人类文明体系的历史、现状和未来息息相关。

古代中国的四大发明不仅极大地提高了世界科技水平，而且从根本上影响了人类文明的发展格局。造纸术、指南针、火药、印刷术的发明及其在世界范围内的广泛传播，既造福中国人民，也造福其他国家的人民。

古代中国的丝绸之路不仅加强了中国与其他国家的经贸往来和文化交流，而且促进了人类文明的交流互鉴。中国的丝绸、茶叶、瓷器等商品通过丝绸之路输送到亚洲、欧洲国家，让很多国家的人民共享了中华文明发展的成果。

当今中国的改革开放不仅从根本上激发了中国人民的创造智慧和能力，而且拉动了世界经济的增长。通过改革开放，中国人民实现了“富起来”的发展目标，迎来了“强起来”的光明前程，拥有了前所未有的存在感、获得感和幸福感，同时为世界经济增长提供了巨大动力，给世界人民带来了巨大福祉。中国制造的商品遍布世界各国，使世界各国人民分享到了中国经济发展的丰硕成果。

中国全面建成小康社会为世界消除贫困做出巨大贡献。贫困是困扰人类的全球性问题。消除贫困是世界各国人民的共同愿望。十四亿多中国人民在中国共产党的坚强领导下完成脱贫攻坚重任，整体迈入小康社会，致力于追求全体人民共同富裕的美好生活，既极大地减轻了世界消除贫困的压力，又为其他国家解决贫困问题提供了可借鉴的成功经验。

中国坚持走和平发展道路是世界的福音。中华文明是和平型文明。中华民族具有以和为贵的思想传统，也一直坚持走和平发展道路。中国式现代化是走和平发展道路的现代化。中国不谋求通过战争、殖民、掠夺等方式实现现代化，坚持高举和平、发展、合作、共赢旗帜，坚决维护世界和平，致力于推动构建共商共建共享的全球治理体系，以自身的和平发展增进世界和平、促进世界发展，为世界人民享有和平做出重要贡献。

推动构建人类命运共同体的中国方案为世界发展指明了正确方向。在当今世界，单边主义、极端利己主义、霸权主义大行其道，加剧了国与国、民族与民族之间的矛盾和冲突，使世界陷入严重的分裂和动荡。在此国际背景下，中国提出构建人类命运共同体的方案，主张弘扬和平、发展、公平、正义、民主、自由的全人类共同价值，倡导多边主义、共同发展和文明交流互鉴，全力维护国际公平正义，呼吁世界各国重视解决日益加剧的和平赤字、发展赤字、安全赤字、治理赤字问题，为世界未来发展指明了正确方向。

世界因中华文明而利。中华文明具有突出的友好性、包容性、和平性，是友好型文明、包容型文明和和平型文明。这样的文明塑造了中华民族热爱和平、维护和平、坚持走和平发展道路的本性，塑造了中国反对一切形式的霸权主义和强权政治、反对冷战思维、反对干涉别国内政、反对搞双重标准以及主张尊重各国主权和领土完整、尊重国家平等、尊重各国人民自主选择发展道路和社会制度的品格，既有利于增进世界和平、促进世界共同发展、提高人类福祉，又有利于引导人类文明进步、加强世界文明交流互鉴、提升整个世界的文明水平。

目录

001 **导论**

014 **第一章　同源共生的中华民族共同体意识**
016 第一节　民族祖先，同源共流
031 第二节　九州攸同，国土一体

045 **第二章　九州共贯、各代一致的治理理念**
047 第一节　德治精神，绵延不绝
063 第二节　文治体制，代代相传

080 **第三章　多元一体、交融贯通的文化体系**
082 第一节　礼乐文化，影响深远
098 第二节　各族文化，兼收并蓄
112 第三节　语言文字，流通共用

118 **第四章 胸怀天下、天下为公的理想追求**
120 第一节 胸怀全局，志在天下
132 第二节 事在四方，要在中央

144 **第五章 家国同构、精诚报国的爱国主义传统**
146 第一节 家国同构，忠孝奠基
156 第二节 爱国守土，烈士殉道

165 **第六章 经世致用、应时治事的儒风主流**
167 第一节 儒学源流，清晰有统
177 第二节 先哲圣贤，备受尊崇
184 第三节 儒学人才，代受青睐

195 **第七章 生生不息、以文化人的哲学理念**
197 第一节 变易有宗，道通为一

211 第二节 大国气象，民胞物与

218 第八章 文化为纲、文明为纪的民族纽带

220 第一节 夷夏之辨，重在文明

231 第二节 夷夏一家，相融共生

240 第三节 中华一族，同心同德

251 参考文献

导论

2023年6月2日，中共中央总书记、国家主席、中央军委主席习近平在北京出席文化传承发展座谈会并发表重要讲话。习近平对中华文化传承发展的一系列重大理论和现实问题作了全面系统深入阐述，指出了中华文明的五个突出特性：中华文明的连续性、中华文明的创新性、中华文明的统一性、中华文明的包容性、中华文明的和平性。谈到中华文明的统一性，习近平总书记说："中华文明具有突出的统一性，从根本上决定了中华民族各民族文化融为一体、即使遭遇重大挫折也牢固凝聚，决定了国土不可分、国家不可乱、民族不可散、文明不可断的共同信念，决定了国家统一永远是中国核心利益的核心，决定了一个坚强统一的国家是各族人民的命运所系。”习近平总书记关于中华文明的统一性的论述包括这么几个方面：第一，中华民族内部各个民族休戚与共、共生共存；第二，中国的国土与对此国土进行管辖的政权是一体的，国土不能分割，政权终归稳定；第三，中华民族内部各个民族的文化是相互融合、互通有无的，在核心价值上是趋同的，在维护国家统一、民族团结方面是具有巨大凝聚力的；第四，国家统一永远是中国历史上各代统治者和政权的终极追求，政权和国土的完整统一是各代统治者的理想目标，也是努力奋进的现实选择；第五，一个统一的国家和一个稳定的政权是中华民族各族人民的共同期待，决定了各族人民的共同命运；第六，在国土完整和政权统一的基础上，经过长期的民族融合，终于形成了中华民族的命运共同体。

中华文明的统一性表现为同祖共源同生共存的民族共同体意识。中华民族有共同的祖先，黄帝、炎帝、尧帝、舜帝、禹帝等都是中华民族的始祖。在中国历史的传说时代，黄帝、炎帝、尧帝、舜帝、禹帝等都分属不同的部落或氏族，随着部落或氏族的融合、兼并，原来各自部落的人群组成更大的部落和氏族，他们因此成为更大的部落或氏族的首领，或成为这些首领的下属。因此，在史前的中华民族文明的起源时期，中华民族和中华文明已经表现出统一性的鲜明特征。在《史记·五帝本纪》中，黄帝时期就有“诸侯咸来宾从”“诸侯咸归轩辕”；《尚书·尧典》说尧“光宅天下”“协和万邦”。历史典籍中更是有禹帝踏遍九州而治水，征伐三苗而使其归服的记载。这表明，在上古时期，中华大地虽然散布有不同的文化部落，但它们不是一盘散沙，而是在不断的融合和兼并中逐渐形成了自己的治理系统和组织体系，并在社会秩序上开始出现某种初始的规范。这些在中华民族初创时期、初步形成时期出现的英雄人物，逐渐被各地的部落、民族认同为共同的祖先而神圣化。在后世的改朝换代过程中，各朝各代的统治者几乎都把这些人物作为自己祖先进行纪念和祭祀。比如，《史记·五帝本纪》记载，“黄帝二十五子，其得姓者十四人”，“自黄帝至舜、禹，皆同姓而异其国号”。《史记·越王勾践世家》记载“越王勾践，其先禹之苗裔”。特别是在南北朝时期，北方各个政权的统治者都认同黄帝等为自己的先祖，视自己为中华民族正统的继承者。比如《魏书》记载北朝的北魏拓跋氏自认为是黄帝的小儿子昌意的后代。《晋书》记载前燕的慕容氏自认为和炎帝黄帝有同一个祖先。这种情况在各类史籍中频繁出现不是偶然的。除了祖先认同，出现在中国大地上的各个政权都把维护政权的“唯一”和国土的统一作为自己的“天命”。在中华民族长期融合的过程中，各个民族政权或者统一了全国，或者归附了中央政权，无论他们内部存在怎样的矛盾，他们都把中华始祖作为自己的祖先，或者在全国统一的区域内，在血缘、文化、生活习惯等方面日渐融合，而使自己与其他民族的区别逐渐缩小，在客观上促进了中华民族共同体的形成，在主观上强化了中华民族共同体意识。到了清代，随着外族入侵和西方列强对中国的盘剥的加剧，在国家和民族生死存亡之际，中国境内的各个民族已经出现了团结一心对抗侵略以及为谋国家民族复兴而殚精竭虑的共同情怀，中华民族共同体意识得到空前的提高，“中华民族”这一名称的出现即是明证。

中华文明的统一性表现为以中央为主导的大一统意识。习近平总书记指出，“中华文明长期的大一统传统，形成了多元一体、团结集中的统一性”。在中华民族五千多年的历史长河里，中华文明逐渐形成了九州共贯、多元一体的大一统传统。自夏朝建立，中国历史上的统一政权开始出现，为“大一统”思想的形成奠定了物质基础，后世逐渐形成了以中央为主导、以中央为中心的大一统意识。早在《诗经》中，就有“溥天之下莫非王土”的说法，表明周代已经具有这种“大一统”的观念。周代虽然是封建制，各个诸侯国有相对的独立性和自治权，但他们都认同周王为唯一的合法性政权的代表，在每年的固定时间都要到国都面圣觐见。公元前221年，秦建立大一统的封建王朝，推行“书同文，车同轨，行同伦，地同域，量同衡，币同形”，奠定了维持中国统一的文化与制度基础。《公羊传》中“何言乎‘王正月’？大一统也”，说的是只有代表中央政权的王才有确定何为正月的权力，这种颁布历法的权力反映了农耕文明时期对上天和中央权威的尊重。《孟子》说天下将“定于一”，这个“一”不仅仅是政权国土的统一，也是政令执行的通畅而有效，既是对动乱分裂的反对，也是对中央权威的维护。战国动乱时期，《荀子》把“一天下”作为儒者的使命，赞扬尧舜是一天下的表率。汉代是继秦朝以后实现全国统一的政权，大一统意识空前高涨。汉武帝时，董仲舒提出“大一统者，天地之常经，古今之通谊也”的观点，这里的“大”即“以……为大”的意思，认为中国国土和政权的统一是最大的事情，把大一统理念提升到哲学层次，认为大一统是天地间任何人不能违背的道理，是古今任何人都应该追求的目标。在中华民族发展史上，无论是汉族政权还是少数民族政权，都把国家的统一作为重要的政治目标。在实现统一之后，致力于维护中央的权威和社会的稳定，对分裂国土和背叛国家的行为都进行了打击，基本执行了“事在四方，要在中央”的权力垂直分布原则。从汉代“六合同风，九州共贯”到隋唐“协同内外，混一戎华”，从元朝“天下一家，一视同仁”到明清“普天率土，均属一体”，统一的多民族国家不断发展，推动了中华文明大一统传统的传承延续，体现了政治统一、国土统一、文化统一的整体文明统一性特征。

中华文明的统一性表现为对治理精神、治理体制的承继沿用。在中华民族发展的历史过程中，各朝各代都沿用了差不多的治理体制和机制，包括行政体制，文官制度，教育、教化体制等。春秋时期，秦、晋、楚等国始在边地设县。春秋末期，各国又在边地设郡，其统辖面积和行政权力均大于县，由此逐渐形成了郡县两级地方政权组织。战国时代，随着各国封建制度的建立和社会经济的发展，西周以来的分封制极大地限制了中央政府权力的行使，故郡县制得到推广。秦始皇统一六国以后，也有宰相王绾等人主张设置封国。廷尉李斯却极力主张废除分封制，推行郡县制。秦始皇采纳了李斯的主张，先在全国设立三十六郡，郡下设县。郡县长官由中央统一任免，从而使秦朝消除了地方割据的隐患，强化和巩固了中央集权的统治。郡县制为各代（包括统一的少数民族政权或割据的少数民族政权）所继承和沿用。隋唐时期，在中央一级建立和完善了三省六部制，使中央的权力更加完善，行政效率更有提高。三省六部制为宋元明清继承沿用。成型于隋唐的科举制度是各代选拔人才的重要机制，在政治文化融合的背景下，辽金政权都实行过这一制度。虽然因其弊端逐渐暴露，科举制在清末被废除，但这一制度为中国文化传承和人才培养做出巨大贡献。在治理体制方面，文官政治是统一的传统，科举制为选拔和储备治理人才提供了机制，在科举制产生以前，察举制、荐举制等也为治理人才的选拔提供了渠道。一般而言，各朝各代都是以文官为行政人员的主体，无论是中央还是地方，文官制度是根本的制度。在治理理念方面，自从周代把“德”与政权合法性和统治合理性联系起来以后，德治精神一直未曾中断，“以德治国”“以德服人”“以德化人”发挥了软实力的作用，使政府和百姓的关系更加紧密，使中央政府对中华民族内部各民族表现出某种“一视同仁”，使各民族更具有向心力。

此外，教育、教化体制既是人才储备的重要途径，也是治理的重要手段。各朝各代都非常重视对后代的培养，这为中华文化的保存、承继和创新做出了重大贡献。

中华文明的统一性表现为文化多元一体、民族团结一心的融通。习近平总书记指出："在几千年历史长河中，中国人民始终团结一心、同舟共济，建立了统一的多民族国家，发展了56个民族多元一体、交织交融的融洽民族关系，形成了守望相助的中华民族大家庭。"在中华民族形成的过程中，各个民族都做出了自己不可忽视的贡献；在中华文明形成的过程中，各个民族的文化都成为构成中华民族文化的重要因素和促进中华文明发展的内部动力。同时，中华民族内部的民族融合，大大提升了各个民族的文明程度，使各个民族能够相对地共同进步，整体上提升了中华文明的统一性。礼乐制度始于周朝而延续到清朝，是政治文明、礼俗文明、礼仪文明的重要体现。每当社会动乱，则礼崩乐坏；每到改朝换代，统治阶层就会重新修订礼乐，以体现统治的正统性和政治文化血脉的一致性。在北朝时期，北魏孝文帝提倡"汉化"，促进了鲜卑族和汉族在政治、文化、风俗、姓氏等方面的融合，以至于使鲜卑族完全融入中华民族的大家庭之中。再如在金朝，兴起于草原的女真族统治者，在统一中国北方以后，也相继启用和完备了礼乐制度，比如祭祀中华始祖的礼仪，纪念孔子的礼仪，朝会礼仪，仿照唐宋制度而采用雅乐等。同时，金朝的女真风俗也传入中原，与在中原混居而共同生活的各族人民在衣装、风俗等方面渐趋一致，已经分不清“胡汉”。尤其在各民族融合的过程中，语言文字的通行成为重要的文化融合和文明共同进步的阶梯。自以甲骨文为代表的文字出现以后，就因其稳定、表意清晰的特点，以其强势的文化交流功能，成为包括少数民族政权在内的官方语言文字，更成为民间进行经济交往、文化交流、私人来往的重要工具，对塑造中华民族共同的民族心理、审美价值观起到了无可替代的作用。以统一的政权和国土为基础，各个民族共生共存、互帮互助，起码在民间建立了相对平等友爱的关系。在同一政权下、在同一国土范围内生活的各族群众，能够在面临外族入侵的时候做到团结一心。特别是在晚清时期，在面对西方列强的侵略时，各族民众都表现出同仇敌忾的气概，无疑是中华民族各族共同生活的过程中形成的强大的民族凝聚力在起作用。

中华文明的统一性表现为公忠体国的爱国意识和天下观念。可以说从价值观上讲，爱国主义是中华文明的核心，中华文明孕育了爱国主义、承载了爱国主义，爱国主义维护了中华文明的发展和进步。由于中国传统社会是皇权政治，君主或皇帝是国家的最高代表，因此，爱国有时候和忠君难以分割。这当然要辩证分析。作为一种被继承和发扬的精神价值，爱国主义往往和天下观结合在一起，即爱国和爱天下是一致的。在中国传统政治哲学中，天是一个模糊性、综合性、价值性很强的概念，它既可以构成政权合法性的来源，也可以是政权运行所遵循的规矩的来源。真正的爱国主义者往往把天理、天道作为自己的理想追求，把天下看作政权、国土、苍生的统一。也就是说，作为历史沉淀下来的爱国主义传统，蕴涵着对政权、国土、苍生统合观之的视角，甚至在更高的层次上，首先是对苍生的关爱，其次是对国土完整的维护，再次才是对政权的保护。儒家是爱国主义传统的极力推动者，儒家倡导格物—致知—诚意—正心—修身—齐家—治国—平天下的成仁成己进路，对一个知识分子如何实现自己的人生价值提出了世界观和方法论的指导。从各朝各代看，无论是在朝廷，还是在民间，都有反对国家分裂、社会动乱的仁人志士，都有心系苍生、为天下谋太平的贤人。儒家认为，家与国不可分，其仁爱观首先从家起步，然后以治国作为手段，达成对苍生的大爱。所以，平天下不仅是使天下稳定、国土完整、政权坚固，还在于使百姓安居乐业。这种公忠体国的爱国意识和天下观念成为中华文明的统一性的特色。

中华文明的统一性表现为对儒家文化主流价值的一致认同。儒家学说的主要内容是“祖述（继承）尧舜，宪章（效法）文武”，崇尚“礼乐”“仁政”，重视孝、忠等伦理道德教育。先秦百家中儒家是最重要的学派之一。战国儒家有八派，除秦国乃至统一中国的秦朝不行儒术外，自西汉以后的各朝各代，包括少数民族政权，都把儒家思想作为重要的政治意识形态和观念意识形态。汉武帝独尊儒术后，不同时期的儒家学者都适应当时统治者的需要，从孔子学说中演绎出各种儒家学说。儒家文化的思想核心是“仁”，“仁”即“爱人”。孔子把“仁”作为行为的规范和目的，使“仁”和“礼”相互为用。主张统治者对人民“道之以德，齐之以礼”，以实现他一心向往的“大同”理想。儒家文化的主要思想，经孔子弟子和再传弟子整理编成《论语》一书辑录其中，是后世各儒家学派的经典。儒家文化后来发展成“仁、义、礼、智、信、忠、孝、廉、耻、悌”等一套思想体系。这套思想体系在各朝各代都得到了官方认同和民间认同。儒家的经典上自《易经》下至《朱子语类》都得到传诵和一致认可，在政治体制、教育制度、风俗教化等方面都能看到儒家思想起作用的身影。当然，儒家思想在各代统治者那里有被工具化的嫌疑，但其核心思想，特别是其民生理念，对稳定政权、维护国家安全、教育百姓形成统一的思想认识，具有巨大的影响力和合理性。即使在南北朝时期的少数民族政权统治期间，如北魏，在南北政权对立的时代，如金朝、辽朝等，上层统治者都对儒风情有独钟，其礼乐文化、服饰文化、生活习惯、礼节文化等的弘扬，客观上促进了中华民族内部融合和中华文明的统一性的形成。

中华文明的统一性表现为天地人一体的大国气象。《周易·系辞传（下）》说“有天道焉，有人道焉，有地道焉。兼三才而两之”，《易·说卦》有“立天之道曰阴与阳，立地之道曰柔与刚，立人之道曰仁与义”。在中国最古老的哲学著作《易经》及其《系辞》中，都明确了天地人三者的相互作用的紧密关系。天道是根本，以阴阳运转而形成“天时”，自然界的四时交替、昼夜寒暑的往来，使万物能够生生不息。地道是基础，以刚柔相济而养成“地利”。大地必有其刚强坚固的一面，能够承载一切；大地必有其安静柔软的一面，能够生长一切、包容一切。天地合用，则是“天地之大道曰生”。但人道是关键，人道在于认识天地之道，进而在此基础上以仁义处理社会的各种事务，最终完成天地人的和谐共处、相互成就。天道、地道、人道相互配合，就可以达到“天地位焉，万物育焉”的效果。“三才”思想甚至可以作为中国文化的总纲领，把中华文明的统一性表现得淋漓尽致。三才之中，人最具有主体性和能动性，人能认识自然、认识天地，并且知荣辱、懂伦理。所以荀子说“人最为天下贵”，也因此人负有巨大的责任，作为知识分子和统治者的君子、贤者更是如此。在北宋哲学家张载看来，他们担负着“为天地立心，为生民立命，为往圣继绝学，为万世开太平”的重要责任。在此基础上，张载进一步提出了“民胞物与”的观点：“乾称父，坤称母……民吾同胞，物吾与也。”他认为，天地即是人和物的父母，人和物都是秉天地之气而生，因此气的本性也即人和物的本性。“民胞物与”观念把君主和百姓都视为兄弟，要求所有的人互敬互爱，实现人与人之间人格的平等。这种平等意识反映了对劳动人民的同情，具有一定的进步性。这种天地人一体、民胞物与的理念把天地人、万物与人、人和人视为共同体的成员，他们都是世界生生不息的重要组成，体现了对生命的尊重意识。这种理念是历代圣主明君都极力提倡和竭力践行的，虽然由于局限性他们实际上并没有实现多少，但这种理念一直绵延于中华文明之中，成为反思历史的重要价值资源，也是中国之为大国的重要思想根据，特别是在和平盛世更是支撑了中国的大国气象。

总之，中华文明的统一性有悠久的历史渊源，这种统一性是在长期的民族融合和文化交融过程中形成的，体现于不同的历史阶段，呈现于不同的朝代的历史文献和文化文献中；中华文明的统一性有完整的国土作为基础，事实证明，国家分裂则文明分裂、文明式微，中国几千年的历史，国家统一的时间远远多于分裂的时间，这有力地保证了中华文明的统一性的形成；中华文明的统一性有强大的政权支持，统一的政权和维护政权稳定的国家实力是中华文明能够完整保存、经久不衰且不断进步的有力支持；中华文明的统一性有延续的制度保障，制度是文明中对人们的生活影响最直接的因素，政治制度、经济制度、迁都、改革等，对中华文明的传承和发展具有深刻的决定作用，历史上存在的郡县制度、科举制度、教育制度、礼乐制度等无疑是中华文明的统一性的重要载体。

在我们所处的新的历史时期，中华文明不仅需要继承，而且需要发扬，要对中华文明进行创新性继承、创造性转化，以为中华民族伟大复兴做出贡献。历史是一面镜子，我们对中华文明的统一性的探察，可以深入到历史的内部。为此，本卷选取了中国历史上能够体现中华文明的统一性的文献资料，试图感性地展布中华文明的统一性的宏大长卷，希望为认识中华文明的特性做些探索。

第一章

同源共生的中华民族共同体意识

中华民族是一个多元一体的命运共同体，各民族都参与了其形成的过程。这个过程是长期的、从未间断的。以黄帝和炎帝为代表的中华民族始祖群体在这个长期的历史过程中，被各代的各个民族认同为共同的祖先。虽然一些少数民族政权，为了巩固自己统治的需要，在血缘上认同自己是炎黄子孙是一种策略，但事实上促进了各个民族的融合，逐步使中华民族内部各个民族形成了一个民族共同体和命运共同体。上自黄帝，中至帝尧帝舜帝禹，下至秦皇汉武唐宗宋祖，他们作为中华民族的祖先，一直被各个民族祭祀和纪念，从而在文化上形成了对中华民族共同的英雄人物的景仰，他们对中华民族的疆域开拓和保存以及对民族融合做出的特殊贡献被各个朝代铭记。在各朝各代的史籍中，我们不难发现基于同源共生而产生的这种民族共同体意识，以及为维护政权和国土的统一而表现出的强烈的中华民族整体性观念。下面我们选择的这些文献，有的来自神话传说集大成的《山海经》，有的来自以《史记》为代表的正史。它们的记载共同构成了中华民族内部各个民族融合过程中的历史记忆，显示了中华民族共同体意识形成过程中所延续的清晰的历史线索。

第一节　民族祖先，同源共流

1．大荒之中，有山名曰融父山，顺水入焉。有人名曰犬戎。黄帝生苗龙，苗龙生融吾，融吾生弄明，弄明生白犬，白犬有牝牡，是为犬戎，肉食。（《山海经·大荒北经》）

有北狄之国，黄帝之孙曰始均，始均生北狄。（《山海经·大荒西经》）

《山海经》是中国古代地理著作，今存本十八卷，作者不详，各篇著作时代亦无定论。《山海经》的内容以地理为纲，涉及上古从周朝开始的历史、民族、宗教、神话、物产、医药、巫术等，保存了很多古代神话传说，对研究古代历史、地理、文化、中外交通、民俗、神话等均有参考价值。

这两段话介绍了始祖黄帝在周朝前的脉系。第一段话其义如下：大荒之中有座名叫融父的山，顺水流入其中。山上有个叫犬戎的人，是黄帝的后人。追溯他的来源是，黄帝生了苗龙，苗龙生了融吾，融吾生了弄明，弄明生了白犬；而白犬有一公一母，它们共同生了犬戎。犬戎以肉为主食。犬戎是我国古代的一个少数民族，这里以犬戎作为人名，其实是对这个民族的统称，或犬戎即这个少数民族的共称，这里是以神话传说的方式介绍了犬戎这个民族的来源。从《山海经》的这段话中我们可以了解到三个信息：一是氏族社会时期，人们对人口的繁衍虽然没有明确的认知，但对祖先都有一种追根溯源的期待，这可能是人的自我意识产生后的反思功能。二是这段话里面的“犬”可能是黄帝氏族早期的图腾，人们把犬看作自己的祖先，在原始社会是普遍的现象，是人类发展史上的特定阶段，但是把黄帝作为“犬”的先祖虽存在事实和逻辑上的错误，却也是文化上合理的“认定”，符合原始思维的特征。三是这段话真实反映了父系社会时期“知其父而不知其母”的状况，把黄帝作为氏族首领是我国进入文明社会的开端。

第二段话的意思是，中原北边的北狄部落，他们也是黄帝的后代，因为他们的先祖是黄帝的孙子始均。

从《山海经》的记载可以推出，中原地区北方的少数民族也是黄帝的后代。这种观念大大影响了后世少数民族政权，他们把黄帝或者炎帝等作为自己的先祖，体现了“认祖归宗”的正统意识。

2. 黄帝生昌意，昌意生颛顼，为高阳氏。黄帝生玄嚣，玄嚣生蟜极。蟜极生高辛，为帝佶（喾）。黄帝生玄嚣，玄嚣生蟜极，蟜极生高辛，高辛生放勋，放勋为尧。黄帝生昌意，昌意生颛顼，颛顼生穷蝉，穷蝉生敬康，敬康生句望，句望生蟜牛，蟜牛生瞽叟，瞽叟生重华，是为帝舜。黄帝生昌意，昌意生颛顼，颛顼生鲧，鲧生文命。黄帝生玄嚣，玄嚣生蟜极，蟜极生高辛，高辛生禼（契），禼为殷祖，禼生昭明。黄帝生玄嚣，玄嚣生蟜极，蟜极生高辛，高辛生后稷，为周祖。（《史记·三代世表》）

据《史记·五帝本纪》，“黄帝二十五子，其得姓者十四人”，“自黄帝至舜禹，皆同姓而异其国号”。可以说，在中原地区不同时代居于统治地位的族，基本也是黄帝的后代。从以上文字可以看出，不仅颛顼、帝喾、尧、舜等赫赫有名的领袖是黄帝的后代，而且夏、商、周三代，其统治集团也是黄帝的后代。当然，司马迁《史记》中所创立的中华民族这个完整的民族谱系，从今天来看存在很多不科学的地方，是他根据传说和远古的史书等进行推测的结果。然而这样一个民族谱系的创立，不仅仅是开启了中华民族共源说，并成为中国古代关于民族起源的一种正统和主流的史观，也对中国古代民族观念和国家观念都产生了重要影响，对各代增强中国多民族国家的民族凝聚力和向心力、巩固中国多民族国家是有积极影响的。其实，从华夏族和各少数民族演变的具体历史事实看，《史记》所提出的民族相互包容甚至源于同一祖先的说法也具有一定的历史依据。

3. 秦之先，帝颛顼之苗裔，孙曰女脩。女脩织，玄鸟陨卵，女脩吞之，生子大业。（《史记·秦本纪》）

这个记载来自《史记·秦本纪》，说秦是帝颛顼的后代。颛顼的孙女叫女脩。女脩在纺织，玄鸟生了一个蛋，被女脩吞了，然后就怀孕生了一个儿子叫大业。

颛顼是黄帝之孙，号高阳氏，大业是皋陶。秦人为什么认为自己是颛顼的后代呢？这是从母亲的世系往上追溯到了女脩，所以认颛顼为他们的始祖。唐代司马贞撰《史记索隐》中说："郯国，少昊之后，而嬴姓盖其族也，则秦、赵宜祖少昊氏。"这里的意思是，秦人也认为少昊是他们的先祖。《史记·封禅书》主要讲帝王祭祀，讲到秦襄公立国以后，建立了西畤，"自以为主少暤（昊）之神，作西畤，祠白帝"，自认为祖先是少昊神，少昊就是白帝。不管如何，传说颛顼是黄帝的孙子，而少昊是黄帝的儿子，因此，秦人自认为黄帝的后代是有根据的。《汉书·郊祀志》载"秦灵公于吴阳作上畤，祭黄帝；作下畤，祭炎帝"，说明秦人也把炎帝作为祖先祭祀。

4. 越王勾践，其先禹之苗裔，而夏后帝少康之庶子也。封于会稽，以奉守禹之祀。文身断发，披草莱而邑焉。（《史记·越王勾践世家》）

春秋时期的吴越地区被视为荒蛮之地，越国等也被视为蛮夷。其实按照《史记》的记载，越人也是大禹的后代，因为勾践是夏代君主少康的庶子，即少康的媵或妾生的儿子。越国在春秋时期本来是周王朝给大禹的封地，但受当地民风、气候等的影响，他们已经形成了“文身断发”的习俗，从而表现为一种“蛮夷”状态。

其实在《史记》中，司马迁考察了风土人情，了解了很多历史传说等，认为夏、商、周三代之君，秦汉帝王，春秋以来列国诸侯、四方民族，都是黄帝子孙，匈奴是夏桀（夏代最后一位君主）之后，楚是颛顼之后，其苗裔为滇王。

5. 我皇祖有虞氏诞膺灵运，受终于陶唐，亦以命于有夏。惟三后陟配于天，而咸用光敷圣德。自兹厥后，天又辑大命于汉。火德既衰，乃眷命我高祖。方轨虞夏四代之明显，我不敢知。惟王乃祖乃父，服膺明哲，辅亮我皇家，勋德光于四海。格尔上下神祇，罔不克顺，地平天成，万邦以乂。应受上帝之命，协皇极之中。肆予一人，祇承天序，以敬授尔位，历数实在尔躬。允执其中，天禄永终。於戏！王其钦顺天命。（《晋书·武帝纪》）

西晋是中国历史上的一个短期统一王朝，历经武帝泰始元年（265）至愍帝建兴四年（316）。魏咸熙二年（265），司马炎废元帝曹奂，自立为帝即晋武帝，国号晋，定都洛阳，史称“西晋”。西晋代魏时，司马氏也以虞舜后代自居。有虞氏是传说中的远古部落，居于蒲坂（治今山西永济蒲州），舜乃其领袖。虞也被称为夏代的国名，还被指称为商末周初诸侯国。也说是周武王时分封的诸侯国，姬姓，开国君主是古公亶父子仲雍之后虞仲，国都位于夏虚，在今山西平陆北。不管有虞氏是指哪个地区，西晋自称为有虞氏的后代，是作为统一王朝为自己寻找正统的依据。事实上，当时的西晋统治者作为炎黄子孙的后代是确定无疑的。

6. 昔黄帝有子二十五人，或内列诸华，或外分荒服，昌意少子，受封北土，国有大鲜卑山，因以为号。其后，世为君长，统幽都之北，广漠之野，畜牧迁徙，射猎为业，淳朴为俗，简易为化，不为文字，刻木纪契而已，世事远近，人相传授，如史官之纪录焉。黄帝以土德王，北俗谓土为托，谓后为跋，故以为氏。其裔始均，入仕尧世，逐女魃于弱水之北，民赖其勤，帝舜嘉之，命为田祖。爰历三代，以及秦汉，獯鬻、猃狁、山戎、匈奴之属，累代残暴，作害中州，而始均之裔，不交南夏，是以载籍无闻焉。积六十七世，至成皇帝讳毛立，聪明武略，远近所推，统国三十六，大姓九十九，

威振北方，莫不率服。（《魏书·序纪》）

北魏是拓跋鲜卑建立的国家，历经道武帝登国元年（386）至孝武帝永熙三年（534）。前秦建元十二年（376），苻坚征服拓跋部。淝水之战后，前秦瓦解，拓跋珪趁机于登国元年称代王，重建代国。同年，改国号为魏，史称“北魏”。拓跋珪积极兴立屯田，发展农业，国力不断强盛。天兴元年（398）迁都平城（治今山西大同东北）。后以汉族士族为官，采用封建统治方式，政权进一步巩固。先后吞并后燕、北燕、北凉，太延五年（439）统一北方，与南朝形成对峙局面。北魏的疆域西至今新疆东部，北至蒙古高原，东北至辽西，南境初以黄河为界，其后扩至秦岭、淮河，跨淮南地。

《魏书》是记载北魏历史的史书。这段话的大意是，黄帝的二十五个儿子中，有的是在华夏地区生活，有的则分布在华夏周围的荒蛮之地。黄帝的小儿子昌意被封在北方的大鲜卑山，于是他的族就以山为名，世代以游牧为生。黄帝是土德，北方俗称土为托，所以鲜卑族作为黄帝的后代，也就自称拓（托）跋氏了。

7. 慕容廆，字弈洛瓌，昌黎棘城鲜卑人也。其先有熊氏之苗裔，世居北夷，邑于紫蒙之野，号曰东胡。其后与匈奴并盛，控弦之士二十余万，风俗官号与匈奴略同。秦汉之际为匈奴所败，分保鲜卑山，因以为号。
（《晋书·慕容廆》）

慕容廆，十六国时期前燕政权首领，文学家，一名若洛廆，字弈洛瓌，鲜卑族人。慕容廆的祖先在三国初年即因战功受封于魏，与中原汉族关系密切。至慕容廆时已开始汉化，廆至洛阳，曾受西晋大文学家张华赏识。有熊氏，是史传中上古华夏部落中的一个氏族，传说为黄帝部族的称号，居住在有熊，建立有熊国，故后世以有熊氏相称。以有熊氏作为氏族称谓始于少典。史传炎帝、黄帝都为少典之子，都是来自有熊氏的一个分支，后世也称炎帝、黄帝为神农氏与轩辕氏。上述文献的大体意思是，慕容廆是鲜卑族人，但其先祖是有熊氏的后裔，世代在北方蛮夷地区居住，被称为“东胡”，因居住地以鲜卑山为核心，所以称“鲜卑氏”。

8. 秋九月……辛酉，幸桥山，遣使者祠黄帝、唐尧庙。因东幸幽州，见耆年，问其所苦，赐爵号。分遣使者循行州郡，观察风俗。（《魏书·太宗本纪》）

这里记载的是北魏明元帝拓跋嗣泰常七年（422）九月的外出活动。其中在辛酉当天拜访了桥山并派人祭祀了黄帝和尧帝。桥山位于现在的河北涿鹿东南二十公里处，以山顶有天然形成的拱形石桥而得名，《史记·五帝本纪》载有“黄帝崩，葬桥山”。北魏认同自己为黄帝的后裔，因此祭祀黄帝和尧帝，表达对先祖的追思。这些活动实际上都是鲜卑诸部落“华夷共祖”民族思想的一种实践，反映了北魏统治者具有自觉的中华民族共同体意识，有利于中华民族共同体的孕育发展。

9. 姚弋仲，南安赤亭羌人也。其先有虞氏之苗裔。禹封舜少子于西戎，世为羌酋。（《晋书·姚弋仲》）

姚弋仲，南安郡赤亭（今甘肃陇西东）人，羌族，后赵时期名将，官至右丞相，封爵亲赵王，曹魏时期镇西将军姚柯回之子，他的儿子姚苌是后秦的开国君主。这段记载是说，姚弋仲作为羌人，其实是有虞氏的后裔，向上追溯，他们的祖先是舜帝的小儿子，被大禹封在西戎，世代为羌族的首领。有虞氏禘祭黄帝，祖祭颛顼，郊祭尧而宗祭舜。

10. 魏主下诏，以为："北人谓土为拓，后为跋。魏之先出于黄帝，以土德王，故为拓跋氏。夫土者，黄中之色，万物之元也：宜改姓元氏。诸功臣旧族自代来者，姓或重复，皆改之。"于是始改拔拔氏为长孙氏，达奚氏为奚氏，乙旃氏为叔孙氏，丘穆陵氏为穆氏，步六孤氏为陆氏，贺赖氏为贺氏，独孤氏为刘氏，贺楼氏为楼氏，勿忸于氏为于氏，尉迟氏为尉氏；其余所改，不可胜纪。（《资治通鉴·齐纪六》）

此处的"魏主"指北魏高祖孝文皇帝元宏，即拓跋宏。该诏下于北魏太和二十年（496）。意思是，北方人称土为拓，称君主、帝王（后）为跋。魏国的祖先是黄帝的后裔，黄帝以土（土，五行之一。古人以木、火、土、金、水五种物质代表宇宙万物，称为“五行”，而试图以其相生相克关系。阐释万物的起源与变化）而统治天下〔德，古代五行学说。指一种相生相克、循环不息，当运时能主宰天道人事的天然势力；王（wàng），称王，统治天下。古人相信五行生克之说，以为帝王之兴，必乘五运〕。古人将万物配五行，五色（青、赤、黄、白、黑）中，黄与土相配，故土为黄中之色，是万物的源头、根源。古人以为土生万物，故为“万物之元”，因此孝文帝把土和元联系起来，把自己的拓跋姓改为元姓。在孝文帝的倡导和带领下，原有的鲜卑族的姓氏都改成了华夏的姓氏。孝文帝的改姓行为是北魏融入中原文化的重要措施，也反映了北魏统治者对华夏文化的认同和融入中华民族大家庭的愿望。

11．勃勃谓买德曰：“朕大禹之后，世居幽朔。祖宗重晖，常与汉魏为敌国。中世不竞，受制于人。逮朕不肖，不能绍隆先构，国破家亡，流离漂虏。今将应运而兴，复大禹之业，卿以为何如？”（《晋书·赫连勃勃》）

赫连勃勃，字屈孑，朔方郡朔方县（今陕西靖边）人，胡夏开国皇帝，匈奴左贤王刘卫辰之子。他“自以匈奴夏后氏之苗裔也，国称大夏”。大夏政权建立后，赫连勃勃曾与人反复强调自己是大禹的后代。从赫连勃勃与王买德的对话中可以看到，赫连勃勃认为自己建立夏国是在恢复大禹之业，而王买德则认为赫连勃勃的做法“正统”，是在“天启之机建成大业”，因此具有合法性。这表现出了他们具有“华夷共祖”的思想。

12. 太祖文皇帝姓宇文氏，讳泰，字黑獭，代武川人也。其先出自炎帝神农氏，为黄帝所灭，子孙遁居朔野。有葛乌菟者，雄武多算略，鲜卑慕之，奉以为主，遂总十二部落，世为大人。其后曰普回，因狩得玉玺三纽，有文曰皇帝玺，普回心异之，以为天授。其俗谓天曰宇，谓君曰文，因号宇文国，并以为氏焉。（《周书·文帝上》）

宇文泰，西魏的大臣，后来建立了北周。从选文内容看，宇文泰的先祖也是炎帝神农氏的后裔。炎帝部落被黄帝部落打败后，炎帝的后代逃到北方（朔野，即北方的大野）避难，其中有个叫葛乌菟的人成为鲜卑族的首领，领导了十二个部落。葛乌菟的后代有一个叫普回的，在野外打猎的时候得到一个玉玺，上面写着“皇帝玺”，普回觉得这是天意。鲜卑族把天称为“宇”，把君主称为“文”，所以他们就把自己的部落称为“宇文”，并作为姓氏。由此看，北周的统治者及其人民也是炎帝的后裔，同为炎黄子孙。

13. 黠戛斯已破回鹘，得太和公主；又自以李陵

后，与唐同宗，故遣使者达干奉主来归。（《新唐书·回鹘下》）

黠戛斯是古代北方柯尔克孜族先民，汉称“坚昆”，魏晋称“结骨”，唐称“黠戛斯”。据地主要在今叶尼塞河上游，曾为薛延陀属部之一。贞观二十年（646），薛延陀被灭后，黠戛斯始与唐交往，唐以其地置坚昆都督府。景龙四年（710）后，曾受东突厥和回鹘的统治。开成五年（840），黠戛斯攻灭回鹘汗国，势力强盛，后与唐往来不绝。黠戛斯在唐代自称是李陵的后裔。李陵是汉代名将李广的孙子，而李广先祖最早可追溯至颛顼帝。因此，黠戛斯也自认和李唐同宗而归附了唐。北宋时期的政治家、史学家司马光在编写《资治通鉴》一书时，也采纳了这一说法：“初，黠戛斯既破回鹘，得太和公主；自谓李陵之后，与唐同姓，遣达干十人奉公主归之于唐。”由此可以看出，黠戛斯是李陵后裔的说法，得到了各代官方的认可，这与中华民族共同体发展的持续性特征相吻合。

14. 辽之先，出自炎帝，世为审吉国，其可知者盖自奇首云。奇首生都菴山，徙潢河之滨。（《辽史·太祖下》）

《辽史·太祖下》详细记述了自奇首至太祖耶律阿保机的辽朝皇族世系，说明了辽太祖的先祖是炎帝的后裔。《辽史·世表》中有更详细的解释，对辽之契丹族源自炎帝作了论证："庖牺氏降，炎帝氏、黄帝氏子孙众多，王畿之封建有限，王政之布濩无穷，故君四方者，多二帝子孙，而自服土中者本同出也。考之宇文周之《书》，辽本炎帝之后，而耶律俨称辽为轩辕后。俨《志》晚出，盖从周《书》。盖炎帝之裔曰葛乌菟者，世雄朔陲，后为冒顿可汗所袭，保鲜卑山以居，号鲜卑氏。"这里所谓"君四方者，多二帝子孙"的说法，是符合司马迁《史记》中各民族同祖黄帝的族源论述思想的，而借鉴《周书》的说法，则更增强了辽出自炎帝说法的说服力。辽圣宗耶律隆绪在《赐圆空国师诏》同样认轩辕黄帝为自己的先祖："上从轩皇，下逮周发，皆资师保，用福邦家。斯所以累德象贤。"可见契丹民族将炎、黄二帝视为自己的祖先，为他们兴建祠堂以祭祀表达敬意，体现了对中华民族共同祖先的认同。

15. 尧帝庙在平阳。舜帝庙，河东、山东济南历山、濮州、湖南道州皆有之。禹庙在河中龙门。至元元年七月，龙门禹庙成，命侍臣持香致敬，有祝文。十二年二月，立伏羲、女娲、舜、汤等庙于河中解州、洪洞、赵城。十五年四月，修会川县盘古王祠，祀之。二十四年闰二月，敕春秋二仲丙日，祀帝尧庙。致和元年，礼部移太常送博士议，舜、禹之庙合依尧祠故事，每岁春秋仲月上旬卜日，有司蠲洁致祭，官给祭物。至顺元年三月，从太常奉礼郎薛元德言，彰德路汤阴县北故羑里

城周文王祠，命有司奉祀如故事。（《元史·祭祀五》）

这里记载的是元世祖至元元年（1264）七月、十二年（1275）二月、十五年（1278）四月、二十四年（1287）闰二月，以及泰定帝致和元年（1328）、文宗至顺元年（1330）分别对尧舜禹帝庙祭祀，对伏羲、女娲、舜、汤庙的祭祀。被中华民族视为人文初祖的三皇五帝、被历代王朝奉为先祖圣君的尧舜禹和三代的开国之主，是中国历朝祭祀之礼的重要对象，这些祭祀内容都被元朝承袭。由此可见，元朝不仅自认是中国历史统系的延续，也把自己作为中华民族的一份子而传承历代祭祀传统，依据中国祀典记载确立了本朝的祭祀制度。元朝统治者对中国祖先的祭祀和认同，不仅是对中国历史的认同，也是对中华民族各族共同祖先的认同，更是对中华民族整体性的认同。

16. 遣户部尚书英俄尔岱祭历代帝王：太昊伏羲氏、炎帝神农氏、少昊金天氏、帝颛顼氏、帝高阳氏、帝高辛氏、帝陶唐氏、帝有虞氏、夏禹王、商汤王、周武王、汉高祖、汉光武、唐太宗、宋太祖、元世祖及增入辽太祖、金太祖、金世宗、元太祖、明太祖，共二十一帝。（《清实录·顺治二年三月丙戌》）

这是清顺治二年（1645）顺治帝让大臣祭祀历代帝王的诏书。上述诸帝王都是中国历史各个时期、各朝代的奠基者和开创者。这里面的太昊伏羲氏、炎帝神农氏我们比较熟悉。少昊是商朝殷祖契之别称，名挚，上古东夷部落联盟首领，以鸟为图腾。颛顼相传为上古帝王，姬姓，号高阳氏，黄帝后裔，生于若水（今四川雅砻江），相传长而佐少昊，二十岁登帝位，都于帝丘（今河南濮阳东南）。高辛氏即帝喾，传说中我国古代黄帝部族的首领，《史记·五帝本纪》说他是黄帝的曾孙。陶唐氏即尧帝。有虞氏即舜帝。

文中所述这种祭祀表明了清朝统治者是把自己作为中华民族继承者。不仅显示了对三皇五帝的认同，而且对三皇五帝之后各代帝王也尊奉有加。清圣祖康熙皇帝曾五次亲往南京明太祖孝陵祭拜，体现出清朝统治者对前代统治者的高度政治认同，同时也体现了满族对自己作为中华民族一员的自觉。

第二节　九州攸同，国土一体

1．九州攸同，四隩既宅。九山刊旅，九川涤源，九泽既陂，四海会同。六府孔修，庶土交正，厎慎财赋，咸则三壤，成赋中邦。锡土姓，祗台德先，不距朕行。（《尚书·禹贡》）

“九州”在《尚书·禹贡》中指的是冀州、兖州、青州、徐州、扬州、荆州、豫州、梁州、雍州。《说苑·修文》说“禹陂九泽，通九道，定九州，各以其职来贡，不失厥宜。方五千里，至于荒服”。“攸”是语气助词。“同”是“齐一”“统一”之意。“九州攸同”即天下一统的含义。大禹治水成功后，人们得以在土地上安居，江河湖泊修建了堤坝，山路、水路都已修筑畅通，掌管贡赋税收的部门得到整饬，开始根据土地的贫瘠确定各地贡赋税额。赏赐土地和姓氏给那些不违背帝王政令的有德之人。九州由此实现了统一有序的治理格局。《说苑·修文》所记也是此意。应当指出的是，作为民族地域概念，“九州”最早出现于《尚书·禹贡》，并且在汉代以后基本上等同于汉地。它北至燕山山脉，南至南海，西至甘肃和西域，东至东海，面积十分广阔。屈原作诗感叹“思九州之博大兮”，南宋著名诗人陆游在《示儿》中写道“死去元知万事空，但悲不见九州同”，表达的都是对山河破碎的悲慨和遗恨。

2. 五百里甸服：百里赋纳总，二百里纳铚，三百里纳秸服，四百里粟，五百里米。五百里侯服：百里采，二百里男邦，三百里诸侯。五百里绥服：三百里揆文教，二百里奋武卫。五百里要服：三百里夷，二百里蔡。五百里荒服：三百里蛮，二百里流。东渐于海，西被于流沙，朔南暨，声教讫于四海。（《尚书·禹贡》）

这是关于“九州攸同”之后实行的分封制度、贡赋制度及教化制度。以王都为中心，五百里范围内为甸服；甸服以外五百里范围内为侯服；侯服以外五百里范围内为绥服；绥服以外五百里范围内为要服；要服以外五百里范围内为荒服。“服”就是服侍天子。“五服”之地因其距离王都远近而以不同方式“服侍天子”。甸服区域根据远近不同缴纳不同的赋税。侯服区域由近及远分别为大夫采地、男爵小国、诸侯。绥服三百里范围内推行文教，外两百里推行武力保卫天子。要服三百里范围内是比较偏远的民族，要对之移风易俗施以教化，外两百里则可以自由迁徙。荒服三百里范围内为“蛮”，外两百里自由迁徙无须缴纳贡赋。如此，东至大海，西至沙漠，由北至南，声威教化无所不至，流布天下。

3. **乃辨九服之邦国，方千里曰王畿，其外方五百里曰侯服，又其外方五百里曰甸服，又其外方五百里曰男服，又其外方五百里曰采服，又其外方五百里曰卫服，又其外方五百里曰蛮服，又其外方五百里曰夷服，又其外方五百里曰镇服，又其外方五百里曰藩服。**（《周礼·职方氏》）

这段文字描述的是西周时期的礼治，它在《尚书·禹贡》所载“五服”的基础上进行了增补损益，设为“九服”。以王畿为中心，由近及远，每五百里为一区划，共九个区划，分别为：侯服、甸服、男服、采服、卫服、蛮服、夷服、镇服、藩服。《三国志·魏志·何夔传》：“先王辨九服之赋以殊远近，制三典之刑以平治乱。”“服”用来定贡赋的轻重。各服因远近不同而缴纳的赋税有所区别。虽然“五服”“九服”在当时并非现实的存在，但是已经作为一种治理思想而存在，它体现了以王政教化流布边远异族的“一统”意图。

4. 九州之外，谓之蕃国。（《周礼·秋官》）

这是关于九州与藩国的关系的表述。“蕃国”就是分封之国和臣属之国。孙诒让认为，蛮服以外有夷、镇、藩三服，即距离王畿三千里以外的地域。它们距离王权中心较远，是王权难以直接作用的地方。九州则是直接的权力中心，它与藩国之间是臣属关系。古代，通过藩国、属地实现对天下的统治。

5. 溥天之下莫非王土，率土之滨莫非王臣。（《诗经·北山》）

这是《诗经》中对国土和政权统一状态的描述。“溥”即遍及；“率”即直到；“滨”即边缘。意思是：遍及天下都是“王”的土地；直到土地边缘的人都是“王”的臣子。西周时期，通过分封诸侯，裂土为民，王朝将势力范围延伸至蛮夷之地，并使以前无力控制的土地成为其附属领地；同时，通过王教宣化，使蛮夷之地得到开化，为统一的文化认同奠定了基础。

6. “元年”者何？君之始年也。“春”者何？岁之始也。“王”者孰谓？谓文王也。曷为先言“王”而后言“正月”？王正月也。何言乎“王正月”？大一统也。（《春秋公羊传·隐公元年》）

《春秋公羊传》是《春秋》三传之一，相传为孔子门徒子夏的弟子齐国人公羊高所述，其内容是阐发《春秋》的微言大义。这段话中的“文王”指的是周文王，“王正月”指的是周历正月。每当改朝换代，当权者会颁历法的正月，即指定某个月为“正月”，象征除旧革新。这段话的意思是：“元年”指君主当政的第一年，“春”指的是每年的开端，“王”就是周文王。为什么先说王而后说正月呢？因为，正月是周文王改定的。因此，“王正月”就是强调天下都要服从天子的政令，以表示对“一统”的尊重。这里的“大”不是大小的“大”，而是以什么为大的意思，表示尊崇、推崇。大一统意味着对正统的尊重，这一思想贯穿了《春秋》全书，而对一统追求尊重的传统则贯彻了中国历史，深刻影响着历代对政权统一的尊崇和对国土统一的追求，成为中华民族精神的深刻内核。

7. 巫马子谓子墨子曰：“鬼神孰与圣人明智？”子墨子曰：“鬼神之明智于圣人，犹聪耳明目之与聋瞽也。昔者夏后开使蜚廉折金于山川，而陶铸之于昆吾；是使翁难雉乙卜于白若之龟，曰：‘鼎成三足而方，不炊而自烹，不举而自臧，不迁而自行。以祭于昆吾之虚，上乡。’乙又言兆之由曰：‘飨矣！逢逢白云，一南一北，一西一东，九鼎既成，迁于三国。’夏后氏失之，殷人受之；殷人失之，周人受之。夏后殷周之相受也，数百岁矣。使圣人聚其良臣，与其桀相而谋，岂

能智数百岁之后哉？而鬼神智之。是故曰，鬼神之明智于圣人也，犹聪耳明目之与聋瞽也。”（《墨子·耕柱》）

这段话是巫马子与墨子的对话。巫马子问墨子鬼神与圣人谁更明智，墨子认为鬼神更明智。因为夏启派人在昆吾铸鼎，于是派翁难雉乙问卜于龟。卜辞说：鼎铸有三足，呈方形，它不用生火自己会烹煮，不用举动自己会藏，不用迁移自己会走。用它在昆吾之墟祭祀。继而翁难雉乙又解释了卦兆，其中就提到：九鼎铸成后，将要传递三代。事实上，九鼎确实在夏商周三代之间相授，绵延数百年。墨子以此说明鬼神在铸鼎之时就知晓将传递三代，而圣人不能知晓数百年后的事情，所以鬼神比圣人明智。显然，文中“三国”指的是夏、商、周三个历史朝代，而“九鼎”则是国家权力的象征；九鼎“迁于三国”，也就象征了中华政权的统一相续。

8. 天有九野，地有九州……。何谓九州？河、汉之间为豫州，周也。两河之间为冀州，晋也。河、济之间为兖州，卫也。东方为青州，齐也。泗上为徐州，鲁也。东南为扬州，越也。南方为荆州，楚也。西方为雍州，秦也。北方为幽州，燕也。（《吕氏春秋·有始览》）

战国时期开始，九州就已成为古代中国的代称；自汉代开始九州成为汉族地区的代称，又称为“汉地九州”，即汉民族所在地的九个区域。其《黄帝内经》中有“地有九州，人有九窍”之说。与《尚书·禹贡》中的

“九州”相对照，《吕氏春秋》除将梁州改为了幽州之外，其余八州名称相同，所涉地域也大体相当。这一时期的文献中，多有提到“九州”，以及对九州的解释。如《尔雅·释地》中的九州是：冀州、豫州、雍州、荆州、杨州、兖州、徐州、幽州、营州。《淮南子·地形训》中的九州是：神州、次州、戎州、兖州、冀州、台州、泲州、薄州、扬州。《后汉书·张衡传》中的九州是：神州、昂州、戎州、弇州、冀州、柱州、玄州、咸州、扬州。其名称多有变化，但是地理范围基本一致。这反映出在中华民族国家形成的历史过程中，社会动荡和政权更迭所导致的区划、名称的变动，但是由此也反映出无论政权如何变动，统一的多民族国家的概念和基本的领土范围已在逐渐形成。

9. 所谓中国者，于天下乃八十一分居其一分耳，中国名曰：赤县神州。赤县神州内自有九州，禹之序九州是也，不得为州数。中国外如赤县神州者九，乃所谓九州也。于是有裨海环之，人民禽兽莫能相通者，如一区中者，乃为一州。如此者九，乃有大瀛海环其外，天地之际焉。（《史记·孟子荀卿列传》）

此为《史记》转述邹衍著作中的观点。赤，即红色，是南方之色，火为其象；南方之神赤帝因火德而称王天下。县，古时指天子居住的地方，后来也指地方行政区划。传说南方炎帝统辖的地区称为“赤县”，北方黄帝统辖的地区称为“神州”。战国时期，邹衍将之合并，以“赤县神州”指称“中国”，于是，“赤县”“神州”成为古代中国的代称。邹衍认为儒家所说的“中国”只是天下的八十一分之一，又叫“赤县神州”，禹勘定之九州，并不是所有的国土。“中国”之外像“赤县神州”一样的还有九个，此之谓“九州”。它们被小海环绕，各州之间不能相通。这样的州也有九个，它们之间有大海环绕，达于天地的边际。这就是所谓的小九州、中九州、大九州。按司马迁所言，邹衍此说就是其由小推大、至于无限的不经之谈。尽管如此，却反映了邹衍对世界的认识。

10. 圣帝在上，德流天下，诸侯宾服，威振四夷，连四海之外以为席，安于覆盂，天下平均，合为一家，动发举事，犹如运之掌中。（《史记·滑稽列传》）

这是西汉武帝时期东方朔对汉朝一统天下的赞誉。当时多位博士共同向东方朔发难：苏秦、张仪高居卿相之位，恩泽流传后世，而你追随圣人之义，熟读诗书，又忠心服侍皇帝，如此数十年之久，却官衔不过侍郎，职位不过卫士。什么原因呢？东方朔回应道：“苏秦、张仪所处的时代，周王室衰微，诸侯相争，兵戎相见，得到士人的就强大，失去士人的就灭亡，因此对士人言听计从，士人得以身处高位，惠及子孙。”但是当今的情况已经不同了，东方朔认为：帝王圣明有德，诸侯归顺臣服，威震四海，天下安定统一，融为一体；有所举动就像在手掌中转动一样轻而易举；天下之大，士人众多，他们竞相向朝廷献计献策，有得不到重用的，有不免衣食之困的，不也很正常吗？假如苏秦、张仪生在当世，可能连我都不如呢。这段记载说明，汉武时期天下一统，四海合为一家。

汉武帝也曾表达对唐虞之世统一局面的向往。据《汉书·武帝纪》记载“朕闻昔在唐虞，画象而民不犯，日月所烛，莫不率俾……海外肃眘，北发渠搜，氐羌徕服”。就是说，唐虞之世，百姓哪怕只是看到尧舜的画像都能够谨守规范，没有不服从的……

11. 外甥是先皇帝舅宿亲，又蒙降金城公主，遂和同为一家，天下百姓，普皆安乐。（《旧唐书·吐蕃上》）

唐太宗贞观十五年（641），文成公主与松赞干布和亲，形成了唐朝和吐蕃之间的“舅甥之盟”。中宗景龙四年（710），派大将军杨矩护送金城公主与吐蕃赞普赤德祖赞和亲，进一步巩固了“舅甥之盟”。玄宗开元十七年（729），唐大胜吐蕃，于是吐蕃赞普赤德祖赞请和，并上表玄宗。《旧唐书》中此段记载的就是他上表的内容。在上表中，吐蕃赞普一开始就提及唐蕃关系，并自称“外甥”，与先皇帝是亲戚，因此唐与吐蕃本就是一家人。这种和平状态使天下百姓得以安居乐业。他进而表达：我本不愿与唐为敌，多次派人入朝，都被边将阻止了；

我衷心希望皇帝舅明晓我的赤胆忠心，依旧保持唐蕃和平友好，以使百姓长久快乐。从这段史料可以看出，唐与吐蕃保持了较长时期的和平友好。事实上，唐太宗时期创立了“羁縻府州”制度，就是对某些少数民族地区实行羁縻政策。少数民族首领接受朝廷颁发的印信，被任命为该地区的都督、县令等，但是依然沿袭原有的生产方式和管理方式。这些举措都在客观上推动了不同民族间的融合。唐儒者杜佑曾感叹道：“秦汉以降，天下一家，即岭南献能言鸟及驯象，西域献汗血马，皆载之史传以为奇物，复广异闻，声教远覃。”意思是，秦汉以来，天下一家，岭南进献会说话的鸟和驯化的大象，西域进献汗血宝马，都作为珍奇之物记载于史册，将奇闻广为传播，声威教化远扬。

12．集贤大学士中奉大夫行秘书监事札马剌丁言：“方今尺地一民尽入版籍，宜为书以明一统。”世皇嘉纳，命札马剌丁暨奉直大夫秘书少监虞应龙等，搜辑为志。二十八年辛卯，书成，凡七百五十五卷，名曰《大一统志》，藏之秘府。（《大元大一统志序》）

元朝时期，中国疆域空前扩大。据《元史·地理一》记载：“自封建变为郡县，有天下者，汉、隋、唐、宋为盛，然幅员之广，咸不逮元。”意思是，自郡县制实行以来，汉隋唐宋虽然十分强盛，但要论及幅员辽阔，都比不上大元王朝。元朝统治者对于疆域的扩大以及多民族国家的发展表现出了由衷的自豪。1285年，元世祖忽必烈下令搜集整理各地附有地图的地志书并进行统一整合，以此来表现元朝疆域之广大。第二年，札马剌丁上奏说："每一寸土地上的百姓已悉数被列入版籍，应当著书来彰明大一统。"世祖采纳其建议，令其主持编纂事宜。1301年，元成宗赐书名为《大元大一统志》。1303年，该书续修成书，共计一千三百卷。元朝不仅实现了疆域的极大拓展，而且将广阔疆域内的各族人民都视为"天下一家"的子民，奠定了中华民族大家庭的雏形。此外，元朝延续了前代诸王朝的"政统"与"道统"。元初昭文馆大学士、司徒郝经这样说"以国朝之成法，援唐、宋之故典，参辽、金之遗制，设官分职，立政安民，成一王法"，明开国元勋刘基曾说"元承宋统"，元世祖在即位诏书中也说"稽列圣（祖宗）之洪规，讲前代（唐、宋）之定制……法《春秋》之正始，体大《易》之乾元"，都是说元朝承袭了唐宋辽金之制。由此也反映出中华民族历朝历代政统相续，一以贯之。元朝虽然是少数民族政权，但是得到了朱元璋以及汉族知识分子的认同。朱元璋说"元主中国……实乃天授"，"天命真人于沙漠，入中国为天下"；明朝开国文臣宋濂也曾说"我皇元受天明命，抚安方夏，天戈所指，万方毕从，……故功成治定若是之神速也"；都认为元取代宋是"天命"所在，元是"中国"的统治者。

13. 惟我皇明诞膺天命，统一华夷，幅员之广，东尽辽左，西极流沙，南越海表，北抵沙漠，四极八荒，靡不来庭，而疆理之制则以京畿府州直隶六部，天下分为十三布政司……而边陲之地都司卫所及宣慰招讨宣抚安抚等司，与夫四夷受官封，执臣礼者皆以次具载于志焉。顾昔《周官》诏观事则有志诏地事，则有图。故今复为图，分置于两畿各布政司之前，又为天下总图于首，披图而观，庶天下疆域广轮之大了然在目，如视诸掌而我皇明一统之盛冠乎古今者，垂之万世有足征云。（《大明一统志·大明一统志图序》）

《大明一统志》是明代官修地理总志。由李贤、彭时等主持纂修，1461年成书，明英宗为之作序，并赐书名“大明一统志”。据序言中明英宗的介绍，明太祖朱元璋统一天下，四海之内都纳入版图，虽然可以通过历代地志了解全国各地地形、气候、居民、政治、物产、交通等情况，但是也掺杂着一些错误，所以多有遗憾。于是明太宗派人广为收集各个郡邑的图籍，进行编纂整理，不料书尚未写成就去世了。明英宗继承先王之志，最终完成此书，希望其“子孙世世相承者”以及“凡天下之士”能够“相与维持我国家一统之盛于无穷，虽与天地同其久长可也”。此段文献包含两层含义：第一，“统一华夷”，即实现了广博地域的各民族的统一，东西南北的边远民族没有不来朝见的。第二，治理有序，从京畿府州、直隶六部、十三布政司等，到边疆的都司卫所及宣慰、招讨、宣抚、安抚等司，书中都作了详细说明。明武宗正德五年（1510），顺天府乡试所选策文就是对舜、禹以来的大一统历史进行了梳理："彼舜分天下为十二州，禹复分为九州，非不一统也，当时负固之三苗，即在今荆扬之间，流窜之幽州，即为今都会之地。其所统果孰近而孰远乎？商有三千余国，周有千八百国，亦非不一统也。曩时荆蛮之逃，即今苏常之间，徐方之征，即今徐州之境……然则自有地志以来，又岂有如今日之极盛者哉？"意思是：虽然舜、禹、商、周时期形成了大一统格局，但是，都不及明朝时期所涉地域之广大，也没有明朝时期的文明教化。由此表达了对明朝帝王丰功伟绩的由衷赞叹。

14. 恭惟皇帝陛下神凝得一，学懋通三，建八柱于天枢，张四维于地络，固已德隆宙始，功焕乾金者矣。至如敬天深钦若之心，法祖大配京之烈。龙骧奋武，绍智勇于商汤；虎观雠经，接心源于羲《易》。圣孝之侍膳，问安无间；皇慈之训储，毓德尤勤。莫非万善咸该，一中独运，故能万邦和协，而四海永清者也。（《通志堂集·万年一统颂》）

清康熙时期即编纂了《大清一统志》，这是清王朝第一部《大清一统志》，其后，乾隆、嘉庆时期也各有一部，以此记述清王朝在地理、政权上的统一。康熙时期著名词人纳兰性德作《万年一统颂》，对康熙和清王朝进行赞美，歌功颂德。在其序中提到：皇帝精神集中专一，学习勤勉又能触类旁通，为国家选拔栋梁之材，章明礼义廉耻，功德无量；敬天法祖，文武双全；对上孝，对子慈；所以能够做到万邦和协，天下安定。清臣李兆洛也对朝廷处理与各个藩部的关系作了颂扬。他指出：清王朝有德，“容之如天地，养之如父母，照之如日月，成之如雷霆，饥则哺之，寒则衣之，来则怀之，劳则劳之，患则捄之。量材而授任，疏之以爵土，分之以人民，教之以字畜，申之以制度。一民尺土，天子无所利焉；寸赏斗罚，天子无有私焉。修其教不易其俗，齐其政不易其宜。旷然更始而不惊，靡然向风而自化”。由此实现了对少数民族地区的有效统治。

第二章

九州共贯、各代一致的治理理念

在近代以前的人类几千年的文明史中，中华民族一直处于世界的领先地位，为人类文明的进步做出了独特的贡献。中华民族以特有的智慧给人类提供了农耕文明时代共同体的治理范式，成为农耕文明社会治理的典范。自古及今，中国历史上绵延不绝的是以德治国、以民为本的治理模式。从尧舜禹时期一直到清代末期，统治者都大力提倡德治精神；以儒家知识分子为主体的士人阶层，也一再督促统治者实行仁政的治理理念，呼吁统治者阶层追求“身正”以正民风，反对官僚阶层以权力谋取私利。同时，在宏观的治理体系上，各代都实行一种文治制度，这些制度包括以郡县制为核心的垂直治理体系、学校教育体系、科举选才程序、民风教化举措、任贤选能渠道等，总之体现为某种以文官为治理主体的体制机制。无论是德治精神，还是文治体制，其核心宗旨是为了养护民生，把民生作为社会稳定、政权巩固的基础。虽然中国传统社会也有法治，但德治和文治体制更显其活力和力量，更多的时候是德法并举、以德为主，刚柔兼备、以柔为用。这种德治精神和文治体制使传统中国呈现某种人文主义的社会运作模式，上自统治阶层，下到普通百姓，都被这种人文情怀覆盖，整体性地表现为九州共贯、各代一致的传统延续性。

第一节 德治精神，绵延不绝

1. 曰若稽古帝尧，曰放勋；钦、明、文、思、安安；允恭克让，光被四表；格于上下，克明俊德，以亲九族；九族既睦，平章百姓；百姓昭明，协和万邦。（《尚书·尧典》）

《尚书》是我国现存的最早的官方文献，主要记录了夏商周各代部分帝王或君主的言行。这段话的意思是，昔日唐尧称帝之时，以其聪敏贤明经纬天地，谋划众物，德光普照天下，他的德行对后世影响深远。后人因此写了《尧典》作为后世长久遵循的准则。尧帝（放勋）是能够用心地查考并遵循古道而行的人，效法前代圣王治理天下的经验，以钦、明、文、思四德来安定天下；他诚信、恭谨、克己、礼让，光辉普照四方，成为楷模；他能弘扬美德，任用有德能的贤达之士，使上至高祖，下至玄孙的族人都和睦亲爱。九族亲睦之后，又为百官赐授姓氏、区别宗族。这一百个官位用来让那些贤明之士得到任用，从而使四方各国协调和顺，天下百姓因为受到百官德行的感召自上而下地发生变化，以致民风民俗出现了十分和谐的局面。

2. 政者，正也。子帅以正，孰敢不正？（《论语·颜渊》）

这是《论语》中记载的季康子问孔子如何治理国家的事的时候，孔子说的话。季康子，春秋末年鲁国大夫。这里的“正”可以理解为身正，也可以理解为以身正为基础的公道正直、坚持正义。孔子一向注重统治者自身的道德修养，认为统治者自己做到身正、公正、正直，整个国家就会得到很好的治理，公道就会大行天下。

3. 尧曰：“咨！尔舜！天之历数在尔躬，允执其中。四海困穷，天禄永终。”舜亦以命禹。曰：“予小子履敢用玄牡，敢昭告于皇皇后帝：有罪不敢赦。帝臣不蔽，简在帝心。朕躬有罪，无以万方；万方有罪，罪在朕躬。”周有大赉，善人是富。“虽有周亲，不如仁人。百姓有过，在予一人。”谨权量，审法度，修废官，四方之

政行焉。兴灭国，继绝世，举逸民，天下之民归心焉。（《论语·尧曰》）

记录在《论语》中的这段话是孔子转述尧对舜和舜对禹在禅让时候教导的话以及周王朝的德治传统。尧告诉舜说："舜啊！上天的大命已落在你身上了，你要诚实地执行正确的原则。假如天下的百姓陷于穷困，上天给你的禄位也就永远终结了。"舜也用这番话告诫禹。商汤说："我这个后辈小子履用黑色公牛作祭物，明明白白地禀告光明而伟大的天帝：凡是有罪的人，我都不敢擅自赦免。即使是您的臣仆，我也不敢掩盖，您心中自是明察一切。我若有罪，不要连累天下万方；天下万方若有罪，都由我一个人来承担。"周朝广封各方诸侯，让善人都得到富贵。周王说："我虽然有至亲，但比不上有仁德的人。百姓们如有罪过，都由我来承担。"孔子认为，周王检验并审定度、量、衡的标准，恢复已废弃的官职，全国的政令就会通行了。复兴已被灭亡的国家，承续已断绝的宗族，提拔隐逸的人才，天下的百姓就会诚心归顺了。这一段文字，记述了从尧以来历代先圣先王的遗训，以及孔子个人的治国思想，体现出浓厚的民本思想，对后世产生了很深的影响。

4. 远人不服，则修文德以来之。既来之，则安之。（《论语·季氏》）

人数的多寡以及人心所向是传统社会统治是否得当

的一个重要的表征。一般来说，治理比较好的政权，它的人民也是拥护的，远方的人也会慕名而至，纷纷来投。这样就在军事和农业生产方面大大提高了所在国的实力和生产力。但离中央比较远的地区的人民容易离心离德，可能会出现对中央的背离。因此孔子说，如果出现这样的情况，那就需要反思自己，应该更加地以文德服人，使他们诚心归服。

5. 以力假仁者霸，霸必有大国。以德行仁者王，王不待大。汤以七十里，文王以百里。以力服人者，非心服也，力不赡也；以德服人者，中心悦而诚服也，如七十子之服孔子也。《诗》云："自西自东，自南自北，无思不服。"此之谓也。（《孟子·公孙丑上》）

孟子是儒家最早提出仁政理念的思想家。在这段话中，孟子认为，以行仁的名义而凭借武力可以成为有霸权的大国。但是，真正能够成为王者的是那些实行仁政的人，王者不一定要多大的地盘，像商王汤的国家也就方圆七十里，周文王的国家也就方圆一百里。凭借武力让人归服，不是真正的心服，因为武力总有不足的时候，武力并不能满足一切。而以德服人，则让人心悦诚服，就像孔子的学生佩服孔子那样。如果能做到以德服人，那就像《诗经》上说的"东南西北，都来归服"了。孟子多次谈到统治者应该实行仁政，在《孟子·公孙丑上》中孟子就曾说"以不忍人之心，行不忍人之政，治天下可运之掌上”，意思是说，以恻隐之心来行政，天下就很容易得到治理。在《孟子·梁惠王上》中，梁惠王问：“天下恶乎定？”孟子答：“定于一。”梁惠王又问：“孰能一之？”孟子答：“不嗜杀人者能一之。”孟子的意思很简单，统一可以稳定天下，但只有不喜欢武力征伐的人才能最终实现统一。

6. 曷谓贤？明君臣，上能尊主下爱民。主诚听之，天下为一海内宾。（《荀子·成相》）

荀子是战国后期著名思想家、教育家。他曾游学于齐，多次在稷下学宫讲学，又西入秦，议兵于赵，后至楚为兰陵令，晚年家居著书讲学。荀子是当时儒家八派中一派的创始人，先秦时代最后一位儒学大师。荀子认为，一个贤臣，对上能以礼尊主，对下能以仁待民，国君能听贤臣的建议，君臣都贤，天下就会统一，四海也会宾从。在他看来，君主的灾祸，是进谗言的人通达，贤能的人逃走、隐居，国家就会覆灭。愚蠢的人会更愚蠢，昏暗的人会更昏暗，最终和夏桀一样。

7. 汤武置天下于仁义礼乐，而德泽洽，禽兽草木广裕，德被蛮貊四夷，累子孙数十世，此天下所共闻也。（《汉书·贾谊传》）

贾谊，西汉政论家、史论家和文学家。在汉文帝时受到重视，被擢升为太中大夫。这段话是贾谊上疏提建议的一部分。贾谊说，商朝的汤王、周朝的武王管理天下靠的是仁义礼乐，如此德润四方，大自然的供给都很丰富，四方蛮夷都深受其恩；因此，汤武的子孙成为国家的领导者，延续了几十代，这是天下人都知道的。贾谊希望汉文帝能够实行仁政，效法汤武。贾谊总结了秦朝兴亡的历史教训，强调“民为邦本”，在《新书·大政》中认为“自古至于今，与民为仇者，有迟有速，而民必胜之”。

8. 阻险不如阻义。昔汤以七十里为政于天下，舒以百里亡于敌国。此其所以见恶也。使关梁足恃，六国不兼于秦；河山足保，秦不亡于楚、汉。由此观之：冲隆不足为强，高城不足为固。行善则昌，行恶则亡。王者博爱远施，外内合同，四海各以其职来祭，何击柝而待？（《盐铁论·险固》）

《盐铁论》为西汉桓宽编著，分十卷或十二卷，共六十篇，是记录汉昭帝时盐铁会议的文献。《盐铁论》认为，凭借险要的地势去阻挡敌人，不如靠施行仁义去阻挡。过去商汤王以方圆七十里的地方而得到天下，舒国有方圆百里的地盘，却被敌国灭掉，这就是不施行礼义的恶果。假如边境上的关口要塞可以依赖，六国就不至于被秦国吞并；若是依靠河山足以保护国家，秦国就不至于被楚（项羽）、汉（刘邦）灭掉。由此可见，兵车再多也称不上强大，城墙再高也不一定保证国家巩固。行善就昌盛，行恶就灭亡。君主对远方的人实行博爱，就使得内外和睦，偏远地区的首领和人民都会前来称臣祭祀认同我们的祖先，诚心归服，还要警戒防备敌人干什么呢？《盐铁论》认为，城池的坚固和军事的强大不足以使国家安定、天下和平而统一，统治者实行仁政和德治才是达到这一目标的最佳途径。

9. 对酒当歌，人生几何？譬如朝露，去日苦多。慨当以慷，忧思难忘。何以解忧，唯有杜康……山不厌高，海不厌深。周公吐哺，天下归心。（《三曹集·短歌行》）

曹操，东汉末政治家、军事家、文学家。曹操曾因剿黄巾起义有功，升为济南相，其后致力于整顿经济、军事，力克群雄，统一北方。汉献帝时官至丞相，封魏公，进魏王。曹操儿子曹丕代汉称帝后追尊为魏武帝。曹操在政治上“揽申商之法术”，颁布“抑兼并令”，限制豪富势力，力促中原统一。知人善用，曾三令五申“举贤勿拘品行”，“取士毋废偏短”。曹操执政和进行军事兼并时，大量使用各方面的人才。这首诗是曹操对人生短促，而要成就一番大业却人才难得的感叹。曹操对天下贤才发出由衷的呼唤：“山不厌高，海不厌深。周公吐哺，天下归心。”表示自己有宽广的政治胸怀，求贤之心永无止境，犹如大海不辞涓流，高山不弃土石一样。周公吐哺，亦作“周公弃餐”。相传周公为了招揽天下贤能之士，接见求见之人，一次沐浴要多次握住头发，一餐饭要多次吐出口中的食物。“周公吐哺”比喻思贤若渴礼贤下士，为招揽人才而操心忙碌。曹操以礼贤下士的周公自励，号召天下贤才来归，开创一个“天下归心”的大好局面。这几句诗气魄宏伟，感情充沛，表现出统一天下的雄心和进取精神。

10. 所司奏刘兰讨蝗幽州，经秋冬不灭，请征下廷尉诏狱。坚曰：“灾降自天，殆非人力所能除也。此自朕之政违所致，兰何罪焉！”（《晋书·苻坚下》）

苻坚，氐族，东晋十六国时前秦皇帝，在位二十九年。他多才多艺，深通谋略，励精图治，任人唯贤，摒弃平庸的宗室外戚子弟，任用吕婆楼、权翼、薛瓒、梁平老等文武英才。同时实行一系列改革措施，提倡儒学，兴办学校，劝农耕桑，兴修水利，振兴关中经济，使前秦国力日渐强盛。太元七年（382）幽州、青州、冀州发生了大面积蝗灾，苻坚派散骑常侍刘兰持节前去督导地方政府和百姓灭蝗，但成效不大，有关部门请苻坚把刘兰下狱治罪。苻坚说：“蝗灾从天而降，人力不可能完全除去。这是我施政有违德行导致的，刘兰有什么罪呢！”苻坚还曾说“帝王历数岂有常哉，惟德之所授耳”，可见，他把德看得至高无上。

11. （建德四年春正月）壬申，诏曰："今阳和布气，品物资始，敬授民时，义兼敦劝。《诗》不云乎：'弗躬弗亲，庶民弗信。'刺史守令，宜亲劝农，百司分番，躬自率导。事非机要，并停至秋。鳏寡孤独不能自存者，所在量加赈恤。逋租悬调，兵役残功，并宜蠲免。"（《周书·帝纪武帝下》）

北周是我国北朝时期少数民族政权之一。周武帝，即宇文邕，鲜卑族，谥武皇帝，庙号高祖。史称其"沉毅有智谋"，"克己励精，听览不怠。用法严整，多所罪杀。号令恳恻，唯属意于政"。他所采取的一系列措施及消灭北齐、平定江南，为隋统一中国奠定了基础。中国传统上是个农业社会，周武帝下诏要求各级官员应该尊重农时，亲自劝农劳作，不能耽误农时，不是紧要的事就暂且放置。而对那些鳏寡孤独的人，要加大抚恤的力度，赋税徭役的一些事情能免尽免。这个诏书充分体现了北方少数民族统治阶级对儒家德治思想的继承和发扬，是中国德治传统的重要组成部分。

12. （太和）十有一年……六月辛巳，秦州民饥，开仓赈恤。癸未，诏曰："春旱至今，野无青草。上天致谴，实由匪德。百姓无辜，将罹饥馑。寤寐思求，罔知所益。公卿内外股肱之臣，谋猷所寄，其极言无隐，以救民瘼。"（《魏书·高祖纪》）

北魏是我国北朝时期少数民族政权之一。孝文帝，即北魏皇帝，471—499年在位，名拓跋宏，汉名元宏。太和十七年（493）迁都洛阳，令鲜卑人易风俗，从汉姓，服汉衣，习汉俗，奖励与汉族通婚。评定士族门第，并参照南朝定官制朝仪，制裁守旧势力，加强鲜卑贵族与汉人士族的联合统治。改革促进了以鲜卑族为中心的北方各族封建化及与各族人民的融合。孝文帝太和十一年（487）六月天下大旱，粮食收成大减，有的饥民被饿死。孝文帝下诏，认为天旱是上天对国家治理不善的谴责，根本原因是德行不足。百姓无辜受灾挨饿，朝廷应该反思。孝文帝要求大臣们要尽力出主意，开仓放粮，救民于水火，同年七月还下诏要地方官收殓不明身份的饿死之人。北魏孝文帝时期进行了大量的汉化改革，使儒家思想得以在这个鲜卑族政权中普遍实施，被史家称赞有圣人之风。

13. 夫所谓先王之教者，何也？博爱之谓仁，行而宜之之谓义，由是而之焉之谓道，足乎己无待于外之谓德……其为道易明，而其为教易行也。是故以之为己，则顺而祥；以之为人，则爱而公；以之为心，则和而平；以之为天下国家，无所处而不当。（《韩昌黎文集校注·原道》）

韩愈，唐代著名的文学家、政治家、思想家。韩愈最早提出儒家的“道统”说，以儒家道统的继承者自居，他认为，儒家道统从尧舜禹汤武周公到孔子、孟子是连续不断的，但到了唐代则无人来继。因此，韩愈基于历史责任感，重新阐发了道与德的思想。他认为，先王治理国家的经验能够传下来的无非仁和义，道就是仁义的统一体；仁义在自身充足就是德。有德之人，则会顺利吉祥、大公无私、心平气和。用这样的有德之心和仁义的政策来治理国家，则会无往而不胜。在《原道》的文中，可以说，韩愈总结了儒家德治思想的历史脉络及其运行机制，对当时儒家思想的弘扬产生了很广泛的影响。

14. 四夷之人入仕于朝及来朝贡者数百人，闻丧皆恸哭、翦发、剺面、割耳，流血洒地。（《资治通鉴·唐纪十五》）

这是《资治通鉴·唐纪》记载的唐太宗死后，四方少数民族来奔丧的情形。唐太宗，即李世民，626—649年在位。唐太宗在位期间，沿用均田制、租庸调法、府兵制和科举制，以房玄龄、杜如晦、魏徵等为相。以亡隋为戒，虚怀纳谏，任人唯贤，并省州县，精简官员，注重吏治，使社会安定，经济复苏，史称“贞观之治”。曾修订律令，改定《氏族志》，以官爵高下定等级，抑制山东旧士族势力。贞观四年（630），唐平东突厥，西北各族尊为“天可汗”；九年（635），平吐谷浑；十四年（640），平高昌，置西州（治今新疆吐鲁番东），略定唐版图，确保边疆安全，促进与西域经济文化交流；

十五年（641），太宗以文成公主嫁吐蕃赞普松赞干布，密切汉与吐蕃关系。由此可见，唐太宗时期与各少数民族的关系非常密切，对少数民族地区的治理也听从了魏徵等大臣的儒家德治的意见，使四方少数民族对中央政府的认同度大大加强。当时在朝廷任职的少数民族官员大有人在，因此，得知唐太宗去世，在朝廷任职以及远方的少数民族官员感到十分悲痛，以他们的风俗，如剪发、割面、割耳等方式来表达哀思。

15. 上谓宰臣曰："往岁清暑山西，近路禾稼甚广，殆无畜牧之地，因命五里外乃得耕垦；今闻民皆去之他所，甚可矜悯，其令依旧耕种。事有类此，卿等宜即告朕。"（《金史·世宗上》）

金世宗，即完颜雍，1161—1189年在位。金世宗在位期间广泛吸收各族官员参与军政，增损官制，注重守令之选，严密监察之责。经济上，重农桑之利、放免税户与奴婢、广开榷场、规定商税法、铸铜钱、取消坑税等。在各项政策上都能体现仁政，一时号称"小尧舜"。此处记载的是金世宗的训话，大体意思是：往年去山西避暑，附近有不少庄稼，为了畜牧（打猎），让百姓在五里外耕种；现在听说为了我们的方便，老百姓都躲到了其他地方，可能生活无着落，很让人可怜，应该让他们继续耕种附近的土地；如再遇到这类事情，你们应该马上告诉我。这反映了金世宗对百姓的体恤之情，也是金世宗接受儒家政治思想影响的结果。

16. 仁为四德之长，元者善之长。前人训元为广大，直是有理。心胸不广大，安能爱敬？安能教思无穷，容保民无疆？仁与元俱包四德，而俱列并称，所谓合之不浑，离之不散。……元者四德之长，故兼亨、利、贞仁者五常之长，故兼义、礼、智、信。（《鲁斋遗书·语录上》）

关于王道德政的具体内涵和意义，元代学者从天理的角度做了详细的分析和论述，并且常常以儒家经典作为立论依据。例如《周易》中说：“元者，善之长也。亨者，嘉之会也。利者，义之和也。贞者，事之干也。君子体仁足以长人，嘉会足以合礼，利物足以和义，贞固足以干事。君子行此四德者，故曰：乾，元亨利贞。”这段话分别解释了乾卦卦辞“元亨利贞”四字的内涵，指出元亨利贞为君子的四德。许衡（宋元之际学者，字仲平，人称“鲁斋先生”）则从其中“元”的内涵入手进行引申，将“元”与“仁”联系在一起，认为“元”为四德之长，兼有亨、利、贞，“仁”为五常之长，兼有义、礼、智、信，实行仁政便可保有万民，统治天下。这段话其实隐含着许衡对元代政治的解说，他从《周易》当中找到了元代实行仁政的理论依据。

17. （元世祖至元十三年）十二月……庚寅，诏谕浙东西、江东西、淮东西、湖南北府州军县官吏军民："昔以万户、千户渔夺其民，致令逃散，今悉以人民归之元籍州县。凡管军将校及宋官吏，有以势力夺民田庐产业者，俾各归其主，无主则以给附近人民之无生产者。其田租商税、茶盐酒醋、金银铁冶、竹货湖泊课程，从实办之。凡故宋繁冗科差、圣节上供、经总制钱等百有余件，悉除免之。"（《元史·世祖六》）

元世祖，即忽必烈，1260—1294年在位。史家认为，世祖忽必烈度量宏广，知人善任，运用儒家思想制定了很多制度，成为元代有名的开明君主，故蒙古语尊号薛禅皇帝，庙号世祖，汉谥号圣德神功文武皇帝。元世祖至元十三年（1276）十二月，此时元刚灭亡，南宋统一全国，元世祖下诏一方面是约束官吏，安定民心，保证江南地区社会的稳定；一方面是给予江南居民经济上的优待，消除南宋统治的弊病，减轻百姓的经济负担：万户、千户等统军将领的掠取强夺，导致江南人民逃亡、流离失所，现在百姓都应返回故乡，隶籍于原居州县。各管军将领和亡宋官吏，依仗势力夺取的百姓土地、房舍和财产，都要归还旧主，无主可归的则需散给附近无产业的居民。田租、商税以及茶盐酒醋、金银铁冶炼、竹货湖泊等业的课税，都要从实办理。过去南宋的科差、节日供奉、经总制钱等一百余项苛捐杂税，全部免除。忽必烈把经济问题放在首位，后人亦评价很高，有"国无重费，不多取于民，天下独称富庶”的赞语。

18. 九年……三月己卯，诏曰：“比年西征燉煌，北伐沙漠，军需甲仗，皆资山、陕，又以秦、晋二府宫殿之役，重困吾民。平定以来，闾阎未息。国都始建，土木屡兴。畿辅既极烦劳，外郡疲于转运。今蓄储有余，其淮、扬、安、徽、池五府及山西、陕西、河南、福建、江西、浙江、北平、湖广今年租赋，悉免之。”（《明史·太祖二》）

朱元璋，明朝开国皇帝，史称明太祖。朱元璋在位期间，厉行中央集权统治，虽然严明刑律、大兴冤狱、杀害功臣，但同时也不断打击贵族势力，实行与民休养生息政策，轻徭薄赋，恢复经济，养民富国。洪武九年（1376）三月，朱元璋下诏，认为连年的战乱和大兴土木，使百姓非常困苦，因此要求江南、西北、湖广等地区免除赋税。

19. 安边之策，贵于审势而行权……宜威则威，宜惠则惠。然后仁以厉其俗，义以作其气，惩贪除苛，使知节用而爱人。并教以诚敬示以忠信，虽蛮夷可冀知感知畏矣。久之，众心我同，则民胞物与之化成，于时保之，小心翼翼，固可永安乐利也。（《西招图略·安边》）

松筠，清封疆大吏和文史大家，玛拉特氏，历任工部、兵部、理藩尚书，军机大臣，驻藏大臣，伊犁将军，绥远城将军、库伦办事大臣等要职。在长期担任边疆要职期间，熟悉边庭事务，政绩颇佳。其间写诗、作文、绘图，较系统地介绍了边疆地区人民生活习俗、宗教信仰、治理方略、地理风光等。《西招图略》是松筠所撰写的西藏地方志，主要是记载他管理西藏的经验。基于稳固统治的需要，雍正皇帝说，“朕念边疆贫民，乃吾之血脉，欲使其永远摆脱苦难，安居乐业，而不是让其在烟瘴贫瘠之地，仍有其益处，故遂开疆扩土，勿使其成为中原之流氓”。在此书的序言中，松筠说，“守边之要，忠、信、笃、敬也。而忠信笃敬莫不本乎格、致、诚、正。故格物所以穷理；致知所以通俗；诚意所以不欺；正心所以寡欲。忠、信、笃、敬于是乎行以之”。松筠在这里把儒家传统的仁和义作为自己治边安民的主要原则，认为对于边地百姓要进行教化，“教之以孝悌，使民慈爱；教之以仁顺，使民和睦；教之以礼义，使民敬让。知慈爱则不遗其亲；知和睦则无怨于人；知敬让则不竞于事；三者诚为厉俗之要道”。

第二节　文治体制，代代相传

1. 布宪掌宪邦之刑禁。正月之吉，执旌节以宣布于四方，而宪邦之刑禁，以诘四方邦国及其都鄙，达于四海。（《周礼·秋官司寇·布宪》）

《秋官司寇》是《周礼》第五篇篇名。贾公彦疏引郑玄云："象秋所立之官。寇，害也；秋者，遒也。如秋义杀害，收聚敛藏于万物也。天子立司寇，使掌邦刑。刑者，所以驱耻恶、纳人于善道也。"秋有肃杀的意思，秋官代表像"秋色"那样的官职，有整肃的意味，司寇就是这样的官职。司寇的职责就是制定颁布国家的各种规范性制度，在正月的时候，打着天子授予的旌旗到四方宣传政令，让地方政府要谨慎对待各自的本分和职责，使百姓避恶趋善，达到四海安宁的目的。《周礼》的记载表明，这种依靠文官而进行的文治教化体制在周代已经成熟，并在各个朝代相继延续。

2. 夫先王之制：邦内甸服，邦外侯服，侯、卫宾服，蛮、夷要服，戎、狄荒服。甸服者祭，侯服者祀，宾服者享，要服者贡，荒服者王。日祭、月祀、时享、岁贡、终王，先王之训也……于是乎有刑不祭，伐不祀，征不享，让不贡，告不王。于是乎有刑罚之辟，有攻伐之兵，有征讨之备，有威让之令，有文告之辞。布令陈辞而又不至，则增修于德而无勤民于远，是以近无不听，远无不服。（《国语·周语上》）

这是《国语·周语》中周朝对不同层级的地方进行不同归责的治理制度的记载。从中央地区一直到较远的蛮夷地区，他们各自对中央负有不同的义务（包括祭祀祖先的义务）。但是，这个制度并不是对地方的强制，而是以天子为代表的中央政府其自身是否做得恰当的一种影响结果。如果甸服有不履行日祭义务的，天子就应内省自己的思想；侯服有不履行月祀义务的，天子就要检查自己的号令；宾服有不履行时享义务的，天子就要检查法律规章；要服有不履行岁贡义务的，天子就要检查名号尊卑；荒服有不履行朝见天子义务的，天子就要内省自己的德行。依次做了上述的内省检查后如还有不履行义务的，才可以依法进行征伐、警告、训斥的处置。如果颁布了法令、文告后还有不履行义务的，那就再一次内省自己的德行而不轻易劳民远征。正因为如此，近处的诸侯才没有不听从的，远处的诸侯也没有不信服的。这里面同样有一种文治的理念，靠这种治理体系维护了国家在礼制上的统一。

3. 舜臣尧，……举八元，使布五教于四方，父义、母慈、兄友、弟共、子孝，内平、外成。（《左传·文公十八年》）

此选文记载的是太史克对鲁宣公宣讲的如何以德处事中的几句。太史克认为，舜帝当了尧帝的大臣后，推举有贤德的人担任重要的职务，让他们在四方之国宣扬五种美德教化百姓，如此，做到了父亲讲道义、母亲慈爱、哥哥友爱、弟弟恭敬、儿子孝顺，家国内外都和和顺顺、平安无事。

4. 禹曰："惠迪吉，从逆凶，惟影响。"益曰："吁！戒哉！儆戒无虞，罔失法度。罔游于逸，罔淫于乐。任贤勿贰，去邪勿疑。疑谋勿成，百志惟熙。罔违道以干百姓之誉，罔咈百姓以从己之欲。无怠无荒，四夷来王。"（《尚书·大禹谟》）

《尚书》是我国最早的官方言论文献。"谟"是计谋策略的意思，《大禹谟》是记载大禹时期关于治国的一些言论。益，即伯益，曾协助大禹治水，为当时的重要人物。禹说："沿着正确的道路（迪，即道）行走就会诸事吉祥，顺着错误的道路走下去就会遭遇凶险和不测。这种吉和凶的报应，就像影子紧随着我们的身体，回音紧随着最初的声响一样。"益说："是啊，要谨慎啊，要恭敬地对待前人的训诫，方可免于犯错。做事情不要轻易违失古人的法度，不要耽于游闲安逸，不要过分追求娱乐。任用贤才要信任他们，去除奸佞要坚决。有好的谋略不要迟疑。让美好的德行广泛流布，国家就会兴盛起来。不要以背道的行为来谋求百姓的赞誉（干，即谋求），不要伤害百姓的利益去满足自己的欲望。为政不怠惰、不荒弃，周边诸国就会归附于君主。"

5. 宰我曰："请问禹。"孔子曰："高阳之孙，鲧之子也，曰文命。敏给克济，其德不回，其仁可亲，其言可信；声为律，身为度，称以上士；亹亹穆穆为纲为纪。巡九州，通九道，陂九泽，度九山。为神主，为民父母；左准绳，右规矩；履四时，据四海；平九州，戴九天，明耳目，治天下……四海之内，舟车所至，莫不宾服。"（《大戴礼记·五帝德》）

这是《大戴礼记·五帝德》中记载的孔子对弟子宰我问大禹功德问题的回答。孔子评价大禹：大禹做事敏捷，能够成功，品德不邪曲，仁慈可亲近，言语可信赖；声音合律吕，身体合度数，可以说是一个德行最高的人，他勤勉恭敬，来经营天下；巡行九州，开通九道，建筑九泽的堤岸，测量九山的高低，做百神的祭主，做百姓的父母；用规矩准绳来辅弼自己，履行四时节令，安定四海人民；平定九州，尊崇九天；使耳目聪明，来治理天下……四海之内，凡舟车所到的地方，无不朝贡顺服。

6．丞相绾等言：“诸侯初破，燕、齐、荆地远，不为置王，毋以填之。请立诸子，唯上幸许。”始皇下其议于群臣，群臣皆以为便。廷尉李斯议曰：“周文、武所封子弟同姓甚众，然后属疏远，相攻击如仇雠，诸侯更相诛伐，周天子弗能禁止。今海内赖陛下神灵一统，皆为郡县，诸子功臣以公赋税重赏赐之，甚足易制。天下无异意，则安宁之术也。置诸侯不便。”始皇曰：“天下共苦战斗不休，以有侯王。赖宗庙，天下初定，又复立国，是树兵也，而求其宁息，岂不难哉！廷尉议是。”（《史记·秦始皇本纪》）

秦始皇结束了战国时代诸侯割据的局面，在中国的统一史上是一件划时代的大事，从此统一成为中国历史的主流，其疆域范围空前扩大，“地东至海暨朝鲜，西至临洮、羌中，南至北向户，北据河为塞，并阴山至辽东”。在此基础上，秦朝开启了历史上的郡县制度，实行车同轨、书同文、度量衡统一的制度，巩固了统一，为以后各朝代的统一立下了制度规范和榜样。李斯等人认为，周朝那样的封建制容易在诸侯之间产生矛盾，引起动乱，秦始皇同意了大臣们的设想。郡县制度一直沿用到清朝，成为国家治理体系的基本政治体制，与其有关的文官制度在政治、文化、教育、经济等方面发挥了巨大的作用，这种中央集权的制度为国土统一、政治统一、反对分裂提供了有力的保障。车同轨和度量衡的标准化是经济统一的必要措施，书同文就是把各国的通用字符统一为一个标准，大大促进了文化的交流和信息的流通，至今仍然有巨大的生命力。疆域的统一和扩大以及这些政治、经济和文化制度的实行，奠定了中华民族发展壮大的基础，是中华民族形成一个多元一体的民族共同体的重要的一步。

7. 《春秋》所以大一统者，六合同风，九州共贯也。今俗吏所以牧民者，非有礼义科指可世世通行者也，独设刑法以守之。其欲治者，不知所繇，以意穿凿，各取一切，权谲自在，故一变之后不可复修也。是以百里不同风，千里不同俗，户异政，人殊服，诈伪萌生，刑罚亡极，质朴日销，恩爱寖薄。（《汉书·王贡两龚鲍传》）

此为王吉上汉宣帝疏中的话。王吉主张，治理天下要有统一的制度，做到“六合同风，九州共贯”。王吉认为，当时的地方官吏用来治理百姓的制度没有稳定性、统一性，而是各成一套；即使有统一的制度，也是自由裁量、随意更改，从而丧失了制度的权威性，而使制度的作用无法达到。这导致百里不同风、千里不同俗，甚至不同的户籍有不同的政策，于是社会风气变坏，滥施刑罚，民风凋敝。这种观点与汉代大儒董仲舒是一致的。董仲舒认为，“《春秋》大一统者，天地之常经，古今之通谊也。今师异道，人异论，百家殊方，指意不同，是以上亡以持一统；法制数变，下不知所守。臣愚以为，诸不在六艺之科，孔子之术者，皆绝其道，勿使并进。邪辟之说灭息，然后统纪可一，而法度可明，民知所从矣”，其将大一统表述为宇宙间的普遍规律，这样就将大一统的思想升华到了哲学高度；其次是要统一人们的思想：董仲舒将大一统的理论应用于思想领域，提出了思想定于一尊的主张。

8. 皇天眷顾皇帝，以匹庶受命中兴，年二十八载兴兵，以次诛讨，十有余年，罪人斯得。黎庶得居尔田，安尔宅。书同文，车同轨，人同伦。舟舆所通，人迹所至，靡不贡职。建明堂，立辟雍，起灵台，设庠序。同律、度、量、衡。（《后汉书·祭祀上》）

此段话来自东汉光武帝建武三十二年（56）二月封泰山时的祭文，反映了建武帝自二十八岁起兵平定动乱而恢复汉政权以后的稳定、繁荣局面。书同文、车同轨、人同伦，是自秦朝以来实行的制度。明堂是古代帝王宣明政教的地方，即我们现在所说的大礼堂；古时宫室不多，凡举行朝会、祭祀、军礼、学礼以及养老、习射、尊贤等，均在明堂。辟雍是官学名，最初是西周时周王直属的大学，设立在王城的南郊，四周有水环绕。西周后期辟雍逐渐分为东西南北中五院：环水之处为中院，称为辟雍，举行典礼与集会都在这里；水南为南院，称为成均，为习乐之处；水北为北院，称为上庠，为习书、算之处；水东为东院，称为东序，为习射之处；水西为西院，称为瞽宗，为演礼之所。刘秀的祭文中，辟雍代指学校等教育机构。灵台是宫廷祇应机构，掌观星气云物，测候灾祥，汉代灵台在长安西北，为太史令所辖，以灵台丞、灵台待诏主管之。各种制度的完备，是国家统一、政权稳定的象征。

9. 曜立太学于长乐宫东，小学于未央宫西，简百姓年二十五已下十三已上，神志可教者千五百人，选朝贤宿儒明经笃学以教之。以中书监刘均领国子祭酒。置崇文祭酒，秩次国子。散骑侍郎董景道以明经擢为崇文祭酒。以游子远为大司徒。（《晋书·刘曜》）

刘曜，十六国时前赵国君，318—329年在位。刘曜制定乘马、服饰、饮酒、祭祀的各种制度，尤其重视教化制度的建设。太学是中国古代的大学。汉武帝元朔五年（前124），刘彻采纳了董仲舒和公孙弘的建议，下诏在长安设立太学，设五经博士，配备弟子五十名，太学从此正式建立。太学规模较大，学术水平较高，属于高等教育机构。太学的教师称博士，通过征聘、荐举任用之，往往都是经儒大师。学生称博士弟子、太学生或诸生，入学资格依门弟和才学，学业优异者优先选用。学习内容主要是儒家经典，教学重视自修、讨论、讲授，学习年限没有统一规定，但有严格的考试筛选制度。汉代以后，魏晋南北朝、唐、宋均设有太学，元、明、清则不设太学，只设国子监或国子学，清代将太学并入国子监，成为既是高等学府，又是国家最高教育行政管理机构。小学也是教育机构，西周始置，《礼记·王制》说："小学在公宫南之左，大学在郊。"关于入学年龄，大致是"年八岁而就外舍，学小艺焉，履小节焉"。王室子弟为八岁，公卿、大夫之子为十三岁，士和庶民子弟俊秀者为十五岁。祭酒是一种负责教育的官员，司徒是掌管民户、土地、徒役的辅政大臣。

10. 推此而言，承秦之理，事为明验。故以魏承秦，魏为土德……又秦赵及燕，虽非明圣，各正号赤县，统有中土，郊天祭地，肆类咸秩，明刑制礼，不失旧章。奄岱逾河，境被淮汉……伏惟圣朝，德配天地，道被四海，承乾统历，功侔百王。光格同于唐虞，享祚流于周汉，正位中境，奄有万方。今若并弃三家，远承晋氏，则蔑中原正次之实……臣愚以为宜从尚黄，定为土德。（《魏书·礼志一》）

这是北魏高闾建议魏高祖承袭前秦的制度的奏请。高闾承认十六国政权匈奴前赵、慕容燕、苻氏前秦的正统性，以赵承晋，燕承赵，秦承燕，因此，前秦制度是中国正统王朝制度体系的组成部分，其实质是只要异族政权遵行华夏礼义文化，且立国中原，即认同其为华夏正统。高闾以北魏承前秦，正视拓跋鲜卑的边疆民族的身份，肯定其入主中原的合法性、正统性，其正统观正是“夷可主夏”的正统观和中原地域正统观、华夏文化正统观的混合，以正统自居而进行全国的统一，是北魏发展的逻辑。从高闾的正统观可以看出北魏民族认同思想的发展、统治阶层胡汉之间的合作以及汉族士人对北魏政权的认同都达到了新的高度。北魏宣武帝还下诏强调学习儒家文化的重要性，《魏书》记载他在诏书中说：“高祖德格两仪，明并日月，播文教以怀远人，调礼学以旌俊造；徙县中区，光宅天邑，总霜露之所均，一姬卜于洛涘。戎缮兼兴，未遑儒教。朕纂承鸿绪，君临宝历，思模圣规，述遵先志。今天平地宁，方隅无事，可敕有司准访前式，置国子，立太学，树小学于四门。”说明北魏统治者已经把儒学教育制度纳入本朝。

11．勒又下书名“今大乱之后，律令滋烦，其采集律令之要，为施行条制”。于是命法曹令史贯志造《辛亥制度》五千文，施行十余岁，乃用律令。（《晋书·石勒上》）

后赵君主石勒在称王前下书命令制定律令，这反映了少数民族政权在建立各种制度的同时也意识到了法律之重要。从此记载可知，后赵政权实行律令有个过程。在社会动乱的时候，旧的律令不合时宜，因此有十年先实行简单而易行的“辛亥制度”，到后赵得到安定后，再颁布正式的律令，说明后赵统治者对法律的重视。石勒作为国君，带头执法，不以个人好恶而废法。他即位后，曾下诏“自今诸有处法，悉依科令。吾所忿戮、怒发中旨者，若德位已高，不宜训罚，或服勤死事之孤，邂逅罹谴，门下皆各列奏之，吾当思择而行也”，表现出了对有德而年高之人的宽容，体现了儒家法律思想的特色。

12. 夫孝悌有闻，人伦之本；德行敦厚，立身之基。或节义可称，或操履清洁，所以激贪励俗，有益风化。强毅正执，直愚不挠，学业优敏，文才美秀，并为廊庙之用，实乃瑚琏之资，才堪将略，则拔之以御侮；膂力骁壮，则任之以爪牙，爰乃一艺可取，亦宜采录……文武有职者，五品以上，宜依今十科举人。有一于此，不必求备。（《册府元龟·求贤》）

隋文帝废除了九品中正制，隋炀帝在文帝两科举人的基础上，又创立“十科举人”的名目。炀帝大业三年（607）四月下诏，明确提出了“十科举人”，大体可以分为德行、文才、武功三个方面，但“十科”名目还不是很明确，大致可以理解为孝悌有闻、德行敦厚、节义可称、操履清洁、强毅正直、执宪不挠、学业优敏、文才美秀、才堪将略、膂力骁壮等，涵盖了各方面人才。科举制在唐代日渐完备，于进士之外，又设秀才、明法、明书、明算、明经、童子等科，其中尤以进士、明经受重视。武则天时增设武举，并曾亲自主持考试（或说殿试即发于此）。常科之外，又可由皇帝临时出题选拔特殊人才，称为制举。宋代考试制度日益严密完善。科举选拔人才的制度一直延续到清末，其考试内容主要是儒家经典，在形式和内容上体现了中国教育体制和人事体制的系统性、延续性，是中国文化和政权统一性的重要表现。

13. 尝观自三代而后，本朝有超越古今者五事：如百年无内乱；四圣百年；受命之日，市不易肆；百年未尝诛杀大臣；至诚以待夷狄。此皆大抵以忠厚廉耻为之纲纪，故能如此。盖睿主开基，规模自别。（《二程集·遗书》）

传说宋太祖立有碑誓，要求宋代的统治者不能杀士大夫，加上他在陈桥兵变中所追求的不流血原则，“市不易肆”，“杯酒释兵权”中的“杯酒论心”“大将解印”，都被宋人称赞为“以仁立国”“以忠厚为家法”。上述论说是宋代大理学家程颐对此的评价。宋代主要以文人士大夫治国，充分发挥了他们的聪明才智，使宋代出现了文化极其繁荣的局面，以及政治运作的文明化和理性化，达到了古代空前未有的程度。程颐所说的“五事”，都体现了儒家的仁政思想，其核心价值观在于士人的忠厚廉耻。忠厚廉耻虽然不是一种制度，但运用到政治运作上，则能集中表现出文治的力量。宋代的这一文化体制后来也为各朝代所继承，但并没有得到很好的弘扬。

14. 治国建官，一同中夏。（《续资治通鉴长编·仁宗庆历二年》）

兴起于东北地区的契丹人，进入中原以后，就以中原政权继承者自居，视中华传统文化为自己的历史文化，因此，他们尊崇炎帝和黄帝以及历代有为帝王，积极学习历史上各个朝代的治国经验，并制定了“尊孔崇儒”的基本国策，接受了历史上“中国以诗书礼乐法度为政”，“中国尚礼义”，“中国者，礼义之所存”，“中国者，礼义之所由出也”等思想观念，“颇取中国典章礼义”“改服中国（主要指汉族）衣冠”“饮食服玩之盛，尽习汉风”，使自己的文化迅速跻身中国文化之行列。宋人富弼曾说，契丹人“得中国（主要指中原和汉族，下同）土地，役中国人力，称中国位号，仿中国官属，任中国贤才，读中国书籍，用中国车服，行中国法令”，“皆与中国等”。这些都成为契丹人自称“中国”的重要事实根据。

15. 金承辽后，凡事欲轶辽世，故进士科目兼采唐、宋之法而增损之。其及第出身，视前代特重，而

法亦密焉。若夫以策论进士取其国人，而用女直文字以为程文，斯盖就其所长以收其用，又欲行其国字，使人通习而不废耳。终金之代，科目得人为盛。（《金史·选举一》）

金是我国东北地区以女真贵族为核心，联合契丹、渤海、汉人共同进行统治的政权。金代科举承袭辽制，兼采唐、宋，同时结合女真族的统治需要，不但有针对汉族知识分子的汉人进士科，亦有为女真民族创设的女真进士科，形成了风格独特的科举考试制度。科举在金代政治、社会生活中的影响远远超过了同为少数民族政权的辽。元代大儒郝经曾称赞金的制度建设："昔元魏始有代地，便参用汉法。至孝文迁都洛阳，一以汉法为政，典章文物灿然与前代比隆，天下至今称为贤君。王通修《元经》即与为正统，是可以为鉴也。金源氏起东北小夷，部曲数百人，渡鸭绿，取黄龙，便建位号，一用辽宋制度，取二国名士置之近要，使藻饰王化，号'十学士'。至世宗，与宋定盟，内外无事，天下晏然，法制修明，风俗完厚。真德秀谓'金源氏典章法度在元魏右'，天下亦至今称为贤君。燕都故老语及先皇者，必为流涕，其德泽在人之深如此，是又可以为鉴也。"

16. （元世祖中统元年）**五月戊辰朔，……丙戌，建元中统，诏曰："祖宗以神武定四方，淳德御群下。朝廷草创，未遑润色之文；政事变通，渐有纲维之目。**

朕获缵旧服，载扩不图，稽列圣之洪规，讲前代之定制。建元表岁，示人君万世之传；纪时书王，见天下一家之义。法《春秋》之正始，体大《易》之乾元。炳焕皇猷，权舆治道。可自庚申年五月十九日，建元为中统元年。惟即位体元之始，必立经陈纪为先。故内立都省，以总宏纲；外设总司，以平庶政。仍以兴利除害之事、补偏救弊之方，随诏以颂……”（《元史·世祖一》）

元世祖即位后，对前代的各种规章制度进行了归纳，保持了政治制度和治理体系的完整性、连续性。主要是注意总结历代王朝的统治经验，在中央沿袭金制，设立中书省，又陆续在地方设立行省，建立了一套政治、军事、赋役制度；在官僚建制、行政设施等方面还进行了一系列改革。同时，元世祖还继承了儒家教育制度，在元世祖中统二年（1261）九月，特诏立诸路提举学校官，以王万庆、敬铉等三十人充之。元世祖在政治治理、文化建设等方面比较全面地体现了儒家的治国理念，如元代文学家陶宗仪的《南村辍耕录》中记载有杨维桢认为“道统者，治统之所在也。尧以是传之舜，舜以是传之禹、汤，禹、汤传之文、武、周公、孔子。孔子没，几不得其传百有余年，而孟子传焉。孟子没，又几不得其传千有余年，而濂洛周程诸子传焉。及乎中立杨氏，而吾道南矣。既而宋亦南渡矣，杨氏之传，为豫章罗氏、延平李氏，及于新安朱子。朱子没，而其传及我朝许文正公。此历代道统之源委也。然则道统不在辽金而在宋，在宋而后及于我朝，君子可以观治统之所在矣”。

17. 蒙化府知府左禾，大理府蒙化州罗罗人，系本州火头，洪武十五年大军克服，仍充添摩牙等村火头，十六年正月投首复业，总兵官拟充蒙化州判官，十七年实授，续该西平侯奏，据里长张保等告保，左禾受任二十余年，夷民信服，乞将升任。永乐三年二月，奉圣旨"他做判官二十余年，不犯法度，好生志诚，升做〔知州〕，着他封印。流官知州不动，还掌印，钦此"。（《土官底簿·蒙化府知府》）

明《土官底簿·蒙化府知府》记载了云南蒙化地区土司左禾归附后及对其的嘉奖。明朝在蒙化地区设卫置城后，继续沿用元代的"以土人治土人"的管理方法，充分运用当地土司资源，以文化人为主要策略，这是明朝针对蒙化地区彝人多于汉人，而由外地流官直接管理难以奏效的实际所采取的措施。明朝初年，虽有大量的汉人进入蒙化定居，但从人口比例上看，仍以彝族人居多。蒙化地区以彝族人为主的情况一直保持到了二十世纪初期。采用"以土人治土人"的方法，首先在于选好代言人，朝廷很自然地选择了左禾为治理蒙化的土官首领，至于其他对明有过帮助的蒙化彝族上层人物，也被朝廷任用。明成祖永乐三年（1405），钦升左禾为蒙化州知州，并准许其子孙世袭职位。这一制度是对传统文官制度的创新，大大提高了对少数民族地区的治理能力，保证了中华民族疆域的完整性和政治的统一性。

18. 听黎、瑶子弟之俊秀者入学读书，训以官音，教以礼义。（《钦定学政全书·义学事例》）

康熙四十四年（1705）起，清廷开始在贵州各府州县卫军设立义学，到乾隆初年，苗人读书应考现象大增，苗疆义学取得可喜“教化”成果并获得乾隆皇帝称赞：“新疆之苗，亦渐知向化，不独内地之苗与汉民无异也。”清代十分重视学校教育，进一步完善了科举制度。《钦定八旗通志·学校志》云：“学校之制，与选举相表里。后世选举与古异，故学校之教亦异。唐宋元明选举之法又微异，故学校之教从而亦微异。大抵古司徒、司乐论德论才，后世变而论文艺。文艺之中，唐以词章为主，而辅以经义；宋经义、词章递相主辅；元明则经义为主而辅以词章，延祐之六经兼采古注。洪武之三场沿为今体，其选举之法即学校之教矣。”

第三章

多元一体、交融贯通的文化体系

中华民族文明的发展是以文化的发展为核心和主要表现。首先，礼乐文化是制度性文化，深刻影响了中国传统社会的政治、经济、文化和日常生活。礼乐文化以实践理性精神为基本特征，为周代始创。礼制集中体现了中华民族制度性的文化精神，涵盖从政治思想到公共秩序再到人际交往的各种规范，同时也渗透于具有教化功能的“乐”（文学艺术）中。“乐”是诗、歌、舞的统称，在以周礼为核心的文化体系中占有十分重要的地位。“乐”的本质就是心灵的愉悦，而这种愉悦会对人的身心道德起到潜移默化的陶冶。礼乐一体成为一整套系统的统治法规和行为准则，对生活各个方面都有相应的规定，使人们各安其分，依礼而行、以乐相配，在庄严肃穆的氛围中达致社会的稳定和人心的安稳。其次，中华民族在长期融合的历史过程中，其内部各个民族的风俗习惯、语言、文学、饮食、服饰等也得到交融贯通，各个民族之间的文化差异变得越来越小，共同为中华民族生活共同体、命运共同体的形成做出了贡献。再次，文字是文化的重要载体和交流工具，在中华民族日渐融合、各族文化争相交融的过程中，各个民族的语言文字扮演了特殊的角色。尤其是汉字以其独特的魅力和文化优势，作为官方用语和教化教育的工具，为各代统治者所推崇，成为中华文明的重要载体和基础，为中华文明的发展及其统一性的形成做出了巨大贡献。

第一节　礼乐文化，影响深远

1. 天下有道，则礼乐征伐自天子出；天下无道，则礼乐征伐自诸侯出。自诸侯出，盖十世希不失矣；自大夫出，五世希不失矣；陪臣执国命，三世希不失矣。天下有道，则政不在大夫。天下有道，则庶人不议。（《论语·季氏》）

这是《论语·季氏》记载的孔子的话。礼乐属中国古代儒家的政治、伦理范畴。礼，指奴隶社会和封建社会的政治制度、道德规范和礼节仪式。孔子所处的春秋时期，虽然没有出现大规模的诸侯国之间的兼并战争，但各个诸侯国内部混乱的现象已是层出不穷，出现了礼崩乐坏的局面。孔子认为，如果天下或者国家比较安定和谐、治理得好，那么，礼乐征伐就是天子做决定的事，否则就是诸侯决定，造成天下大乱的局面。诸侯来决定这样的大事，则最多存在十年；大夫擅权，则只能存在五年；陪臣擅权，则只能存在三年。天下有道，则行政权不在大夫，老百姓不会有批评的言论。礼乐的制定和演奏，是国家统一的重要表征。礼乐的教育也是国家教育的重要内容和权威象征。因此，以孔子为代表的儒家非常重视礼乐的来源和呈现主体。

2. 孔子曰“入其国，其教可知也。其为人也：温柔敦厚，《诗》教也；疏通知远，《书》教也；广博易良，《乐》教也；洁静精微，《易》教也；恭俭庄敬，《礼》教也；属辞比事，《春秋》教也”。（《礼记·经解》）

孔子认为，到了某个地方，实行了什么教化，可以从民风民俗上看出来。作为一个人，善读《诗经》可以形成温柔敦厚的品格；善读《尚书》，可以有很好的历史意识，能知往鉴来；接受了《乐》教的洗礼，则心胸开阔，易致善良；学习了《易经》的精神，则内心会清静无污且善察精微；懂得《礼》的规矩，则能谦虚恭敬勤俭庄重。《诗》《书》《乐》《易》《礼》，可以为一个人内在和外在修养的完美和统一提供充足的条件。从历史上看，各个朝代尤其注重礼乐的教化，因为这是内外兼修的重要途径。

3. 以六律、六同、五声、八音、六舞大合乐，以致鬼神示，以和邦国，以谐万民，以安宾客，以说远人，以作动物。（《周礼·春官宗伯》）

宗伯是周代春官的主官，属于礼官。《周礼》记载，礼官设大宗伯一人、小宗伯二人，其余大夫、士人、徒等一百人。宗伯的职责就是带领下属，制定礼乐。大宗伯的职责主要是掌管王国建立时对天神、人鬼、地祇的祭祀之礼，以辅佐国君建立和安定天下各个属国；以饮食之礼来亲睦宗族兄弟，以婚礼和冠礼来亲和男女亲戚，以宾客之礼来友好故旧朋友，以宴会之礼招待四方宾客，以贺庆之礼来和睦异性诸侯。如此，使神鬼致祥，使国家和谐，使民众和睦，使宾客安适，使远方的人民高兴，使万物动静有时。

4. 君臣不得不尊，父子不得不亲，兄弟不得不顺，夫妇不得不欢。少者以长，老者以养。故天地生之，圣人成之。……礼之于正国家也，如权衡之于轻重也，如绳墨之于曲直也。故人无礼不生，事无礼不成，国家无礼不宁。（《荀子·大略》）

荀子认为，君臣之间无礼就不能相互尊重，父子之间无礼就不能相互亲爱，兄弟之间无礼就不能相互和顺，夫妇之间无礼就不能相互欢爱。年少者靠它得以健康成长，年老者靠它得以颐养天年。因此，礼是本应存在的，而圣人制礼作乐使它在人间实行。礼对于国家的稳定、和谐、顺利发展非常重要。这就像秤对于衡量轻重那样，没有秤，就无法知道物体的轻重；也如绳墨对于曲直，没有绳子及其墨迹，就无法判断曲直。因此，人没有礼就不能生存，做事没有礼就不能成功，国家没有礼就不能安宁。

5. 夫乐者，乐也，人情之所必不免也，故人不能无乐。乐则必发于声音，形于动静；而人之道，声音、动静、性术之变尽是矣。故人不能不乐，乐则不能无形，形而不为道，则不能无乱。先王恶其乱也，故制《雅》《颂》之声以道之，使其声足以乐而不流，使其文足以辨而不諰，使其曲直、繁省、廉肉、节奏，足以感动人之善心，使夫邪污之气无由得接焉。（《荀子·乐论》）

荀子认为，音乐的功能是使人快乐，表达人们的快乐心情，所以是人所必需，因此人不能没有快乐。有了快乐就会发于声音，表现在人的行为上；人之所以为人，其声音、动静、性情变化都表现在音乐中了。因此，人不能不快乐，快乐不能不表现出来，表现而不加以引导，就不能不混乱。先王讨厌这种混乱的状态，因此制作《雅》《颂》之乐曲来引导，使百姓足以表达快乐而不淫荡，使音乐足以分辨不同的情感而不滞塞（諰），使乐曲的曲直、繁简、刚柔和节奏足以感动人的善心，使人们接触不到污秽、奸邪之气。

6. 高庙奏《武德》《文始》《五行》之舞；孝文庙奏《昭德》《文始》《四时》《五行》之舞；孝武庙奏《盛德》《文始》《四时》《五行》之舞。《武德》舞者，高祖四年作，以象天下乐己行武以除乱也……《四时》舞者，孝文所作，以示天下之安和也。盖乐已所自作，明有制也；乐先王之乐，明有法也。孝景采《武德》舞以为《昭德》，以尊大宗庙。至孝宣，采《昭德》舞为《盛德》，以尊世宗庙。诸帝庙皆常奏《文始》《四时》《五行》舞云。高祖六年又作《昭容》乐、《礼容》乐。《昭容》者，犹古之《昭夏》也，主出《武德》舞。《礼容》者，主出《文始》《五行》舞。（《汉书·礼乐志第二》）

西汉王朝建立之初以礼乐教化为己任，重视礼乐创制，在“雅乐声律世世在大乐官”的制氏与汉儒孙叔通等人的共同努力下，礼乐渐兴。在对高祖祭祀时，演奏《武德》《文始》《五行》三种乐舞；对孝文帝进行祭祀时，演奏《昭德》《文始》《四时》《五行》的乐舞；对汉武帝祭祀时，演奏《盛德》《文始》《四时》《五行》的乐舞。《武德》舞是汉高祖刘邦建立汉朝四年的时候创作的，主要是歌颂武力平定天下后的歌舞升平；《四时》是孝文帝创作的，象征天下的安定和谐；汉景帝改编《武德》为《昭德》，在祭祀大宗庙的时候用；汉宣帝改编《昭德》为《盛德》，在祭祀世宗庙的时候用。《汉书·贾谊传》说：“汤武置天下于仁义礼乐，而德泽洽，禽兽草木广裕，德被蛮貊四夷，累子孙数十世，此天下所共闻也。”由这些创作乐舞的情况可知，不仅汉统治者们模仿六代乐舞创作新的礼乐大曲，而且他们新创作的礼乐大曲又可以为后世王朝所沿用。

7. 孔子曰：“昔者，舜以夔为乐正，始治六律，和均五声，以通八风，而天下服。重黎又荐能为音者，舜曰：‘夫乐天地之精，得失之节，故唯圣人为能和乐之本。夔能和之，以平天下，若夔者，一而足矣。’故曰夔一足，非一足行。”（《风俗通义校注·正失》）

《风俗通义校注·正失》记载，鲁哀公问孔子：“乐正夔一足，信乎?”意思是，传说夔是一只脚，是不是真的？孔子回答道：“从前，舜任用夔做乐正，开始制定六律，协调五声，以和谐八风，因而天下完全归服。重黎还想举荐精通音律的人。舜说：‘音乐是天地之气的精华，政治得失的关键，所以只有圣人才能使音乐和谐，而和谐是音乐的根本。夔能使音乐和谐，以此平定天下。像夔这样的人，有一个就足够了。’所以说夔一足，并不是说夔只有一只脚。”孔子非常重视乐教，信服上古尧舜禹等以乐教治理国家的经验，认为乐教对于移风易俗进而达到国家的稳固和统一具有重要意义。所以，《汉书·王莽传中》有“夷狄以中国有礼谊，故诎而服从”的说法。

8. 乌孙公主遣女来至京师学鼓琴，汉遣侍郎乐奉

送主女，过龟兹。龟兹前遣人至乌孙求公主女，未还。会女过龟兹，龟兹王留不遣，复使使报公主，主许之。后公主上书，愿令女比宗室入朝，而龟兹王绛宾亦爱其夫人，上书言得尚汉外孙为昆弟，愿与公主女俱入朝。元康元年，遂来朝贺。王及夫人皆赐印绶。夫人号称公主，赐以车骑旗鼓，歌吹数十人，绮绣杂缯琦珍凡数千万。留且一年，厚赠送之。后数来朝贺，乐汉衣服制度，归其国，治宫室，作徼道周卫，出入传呼，撞钟鼓，如汉家仪。（《汉书·西域传下》）

乌孙是古代游牧于祁连山和敦煌之间的一个小国。汉文帝，公元前180—前157年在位。文帝三年（前177），乌孙为大月氏所破，西迁今伊犁河和伊塞克湖一带，繁衍生息。汉元封年间，武帝以江都王女细君为公主，嫁与昆莫猎骄靡，后来汉又以楚王孙女解忧为公主，嫁与昆莫年须靡。和亲使乌孙与汉关系日密。龟兹是古西域三十六城国之一，位于今天新疆库车县一带，汉宣帝时其王绛宾娶汉解忧公主女，同到长安，学习汉朝的礼乐制度，这些制度在龟兹地区得以实行。乌孙和龟兹对汉朝礼乐制度的学习和实行，反映了少数民族政权对汉中央政权的认同，体现了礼乐对国家稳定和统一的重要作用。

9. 臣典校故太尉颛所撰《五礼》，臣以为夫革命以垂统，帝王之美事也，隆礼以率教，邦国之大务也，是

以臣前表礼事稽留，求速讫施行。又以《丧服》最多疑阙，宜见补定。又以今礼篇卷烦重，宜随类通合。（《晋书·礼上》）

此为西晋尚书郎挚虞以礼制初稿上书晋文帝的表奏。司马氏晋朝是代魏而兴，虽然西晋的建立基本是以和平方式交接政权，但三国魏晋时期，连年战乱，礼崩乐坏，各种思潮流行，因此重新整治礼乐制度十分必要。荀颉博学多闻，理思周密，西晋建立后，拜司徒、太尉。《晋书》记载："晋始则有荀颉、郑冲裁成国典，江左则有荀崧、刁协损益朝仪。"西晋建国后，晋文帝命荀颉参考曹魏对汉代的制度，"撰为新礼"。荀颉参考古今的礼乐制度，在形式上更加简便，制定的各种礼仪书写为一百六十五篇，由尚书郎挚虞上表晋文帝批阅。挚虞认为，荀颉所撰写的礼仪，十分不错，体现了对前朝的继承，实行礼乐是国家教化的大事；丧服之礼可能有所缺漏，应该补充修改；礼篇还是稍显麻烦，应该整合。这反映了社会动乱之后，西晋重新统一全国，对礼乐的谨慎态度。

10. 气质初分，声形立矣。圣者因天然之有，为人用之物；缘喜怒之心，设哀乐之器……乐在宗庙之中，君臣上下同听之，莫不和敬；在族长乡里之中，长幼同听之，莫不和顺；闺门之内，父子兄弟同听之，莫不和亲。又有昧任离禁之乐，以娱四夷之民。斯盖立乐之方

也。（《魏书·乐志五》）

北魏时期，特别是魏孝文帝执政时期，加强了对华夏文化的全面学习。《魏书·元勰传》记载："及至豫州，高祖为家人书于勰曰：'教风密微，礼政严严，若不深心日劝，何以敬诸？每欲立一宗师，肃我元族。汝亲则宸极，位乃中监，风标才器，实足师范……不为恨也。'勰翌日面陈曰：……臣闻'其身正不令而行，其身不正虽令不从'。臣处宗乏长幼之顺，接物无国士之礼，每因启请，已蒙哀借。不谓今诏，终不矜免。犹愿圣慈，赐垂蠲遂。高祖曰：'汝谐，往钦哉。'"此可以证明，虽然是北方少数民族政权，北魏从大臣到皇帝，都坚持制礼作乐，延以为用，以起到正身、治国的作用。

11．诏分遣使人致祭于五岳四渎，其尧祠舜庙，下及孔父、老君等载于祀典者，咸秩罔遗。（《北齐书·帝纪第四·文宣》）

东魏孝静帝武定八年（550），北齐文宣帝（即北齐开国皇帝高洋，此时东魏皇帝退位禅让于其）在即位初期，重视礼仪制度建设，他曾下诏派人到五岳四渎祭祀，并祭祀尧舜以及孔子、老子等先贤。五岳即恒山、衡山、华山、泰山、嵩山。四渎一说是星名，古人认为它们与我国的四条大河即长江、黄河、淮河、济水对应，《晋书·天文志》有"东井南垣之东四星曰四渎，江、河、淮、济之精也"的说法。《尔雅·释水》，"江、河、淮、济为四渎。四渎者，发原注海者也"，说明把江、河、淮、济称为四渎的原因是此四者均流入大海。从祭祀的角度说，北齐文宣帝祭祀的四渎为四条河流的河神。从周朝开始，四渎神就作为河川神的代表，由君王来祭祀。《礼记》曰"天子祭天下名山大川，五岳视三公，四渎视诸侯"，并在全国各地修庙祭祀。北朝诸帝多次遣使或者亲自前往五岳中的四岳致祭。北魏道武帝于天兴三年(400)五月派遣使者祠帝尧、帝舜庙。明元帝泰常三年(418)，"为五精帝兆于四郊，远近依五行数……侑祭黄帝，常以立秋前十八日。余四帝，各以四立之日"，"立五岳四渎庙于桑乾水之阴，春秋遣有司祭，有牲及币"。泰常四年(419)秋八月辛未，明元帝东巡，至雁门关，望祀恒岳，"明年正月，南巡恒岳，祀以太牢。幸洛阳，遣使以太牢祀嵩高、华岳"。

12. 神尧受禅，未遑制作，郊庙宴享，悉用隋代旧仪。太宗皇帝践祚之初，悉兴文教，乃诏中书令房玄龄、秘书监魏徵等礼官学士，修改旧礼，定著《吉礼》六十一篇，《宾礼》四篇，《军礼》二十篇，《嘉礼》四十二篇，《凶礼》六篇，《国恤》五篇，总一百三十八篇，分为一百卷。（《旧唐书·礼仪一》）

隋结束了南北朝的分裂而重新统一全国，但隋未久，各项制度未及完备。唐代隋，唐高祖李渊，擢祖孝孙为吏部郎中，转太常少卿，孝孙由是奏请作乐。但当时军国事务繁多，一些礼制沿用隋氏旧文。武德九年（626），高祖始命孝孙修定雅乐，至贞观二年（628）六月奏之。唐太宗李世民即位后，对文教非常重视，下诏让房玄龄、魏徵等礼官修改旧礼，各种礼仪制度编成一百卷。唐代的礼制成为后世的礼乐制度的样本。据《旧唐书·音乐一》记载，唐太宗认为："夫音声能感人，自然之道也，故欢者闻之则悦，忧者听之则悲。悲欢之情，在于人心，非由乐也。将亡之政，其民必苦，然苦心所感，故闻之则悲耳。何有乐声哀怨，能使悦者悲乎？"即唐太宗认为，乐表人心，要从音乐中观察人心所向，成为治国理政的重要参考。

13. 太宗尚儒雅，勤于治政，修明典章，大抵旷废举矣。真宗承重熙之后，契丹既通好，天下无事，于是封泰山，祀汾阴，天书、圣祖崇奉迭兴，专置详定所，命执政、翰林、礼官参领之。寻改为礼仪院，仍岁增修、纤微委曲，缘情称宜，盖一时弥文之制也。（《宋史·礼一》）

五代十国时期，中国南北大乱，各个割据政权往往在礼乐制度方面不完备，有的只是临时草创。宋太祖赵匡胤统一全国后的第二年就开始让有关部门"重集三礼图"，并在开宝年间组织有关人员编成了"通礼"两百卷，"本唐开元礼而损益之"，基本沿袭了唐朝开元时期的礼乐，但又有所变化。特别到宋真宗时，专设礼仪院，增修礼仪制度，使之更加完备。

14. 辽本朝鲜故壤，箕子八条之教，流风遗俗，盖有存者。自其上世，缘情制宜，隐然有尚质之风。遥辇胡剌可汗制祭山仪，苏可汗制瑟瑟仪，阻午可汗制柴册、再生仪。其情朴，其用俭。敬天恤灾，施惠本孝，出于悃忱，殆有得于胶瑟聚讼之表者。太古之上，椎轮五礼，何以异兹。太宗克晋，稍用汉礼。今国史院有金陈大任《辽礼仪志》，皆其国俗之故，又有《辽朝杂礼》，汉仪为多。别得宣文阁所藏耶律俨《志》，视大任为加详。存其略，著于篇。（《辽史·礼志一》）

《辽史·礼志一》记载，辽国政权所在地原本是朝鲜族的聚居地，因此多尚箕子所订立的八条规范。箕子八条教化的内容较为完整地保存在《汉书·地理志》中“殷道衰，箕子去之朝鲜，教其民以礼义、田蚕、织作。乐浪朝鲜民犯禁八条：相杀以当时偿杀；相伤以谷偿；相盗者，男没入为其家奴，女子为婢；欲自赎者，人五十万。虽免为民，俗犹羞之，嫁取无所仇，是以其民终不相盗，无门户之闭，妇人贞信不淫辟”。这也反映了辽国政权对中原文化的继承。同时《辽史》的记载也反映辽政权，结合本地风俗和特有的经济文化条件，对礼仪制度进行损益，体现了本族礼仪对汉族礼仪的承继关系。

15. 世宗既兴，复收向所迁宋故礼器以旋，乃命官参校唐、宋故典沿革，开“详定所”以议礼，设“详校所”以审乐，统以宰相通学术者，于一事之宜适、一物

之节文，既上闻而始汇次，至明昌初书成，凡四百余卷，名曰《金纂修杂录》。凡事物名数，支分派引，珠贯棋布，井然有序，炳然如丹。又图吉、凶二仪：卤簿十三节以备大葬，小卤簿九节以备郊庙。而命尚书左右司、春官、兵曹、太常寺各掌一本，其意至深远也。是时，宇内阜安，民物小康，而维持几百年者实此乎基。呜呼，礼之为国也信矣夫。（《金史·礼一》）

《金史》记载，宋朝的典章礼乐已经很完备了，金人刚夺取宋朝都城汴梁的时候，把北宋的图书、礼器等都运到了北方，后来金朝依据北宋的文献开始制定礼乐制度。特别是在金世宗的时候，让宰相、尚书等官员进行礼乐制度的制定和修改，逐渐完备了朝礼、吉礼、凶礼、祭祀之礼等礼仪及其乐舞制度。另《归潜志·辩亡》有记载，金显宗"读书喜文，欲变夷狄风俗，行中国礼乐如魏孝文"。《金史·乐上》也记载有"传曰：'王者功成作乐，治定制礼。'岂二帝三王之弥文哉，盖有天下者，将一轨度、正民俗、合人神、和上下，舍礼乐何以焉。金初得宋，始有金石之乐，然而未尽其美也。及乎大定、明昌之际，日修月葺，粲然大备。其隶太常者，即郊庙、祀享、大宴、大朝会宫县二舞是也。隶教坊者，则有铙歌鼓吹，天子行幸卤簿导引之乐也。有散乐。有渤海乐。有本国旧音，世宗尝写其意度为雅曲，史录其一，其俚者弗载云。雅乐。凡大祀、中祀、天子受册宝、御楼肆赦、受外国使贺则用之"。可见，金朝对北宋礼乐制度的学习和继承还是比较完善的。

16. 若其为乐，则自太祖征用旧乐于西夏，太宗征金太常遗乐于燕京，及宪宗始用登歌乐，祀天于日月山。而世祖命宋周臣典领乐工，又用登歌乐享祖宗于中书省。既又命王镛作《大成乐》，诏括民间所藏金之乐器。至元三年，初用宫县、登歌、文武二舞于太庙，烈祖至宪宗八室，皆有乐章。三十年，又撰社稷乐章。成宗大德间，制郊庙曲舞，复撰宣圣庙乐章。仁宗皇庆初，命太常补拨乐工，而乐制日备。大抵其于祭祀，率用雅乐，朝会飨燕，则用燕乐，盖雅俗兼用者也。元之礼乐，揆之于古，固有可议。然自朝仪既起，规模严广，而人知九重大君之尊，至其乐声雄伟而宏大，又足以见一代兴王之象，其在当时，亦云盛矣。今取其可书者著于篇，作《礼乐志》。（《元史·礼乐一》）

元代以少数民族政权统一全国，其统治者最初在北方的草原兴起，很多政治活动和使节来往都是遵从本地的风俗，因此在初期对礼乐的运用并不广泛。元太祖征用了西夏的礼乐制度，元太宗则用金代的一些礼乐。到元世祖时，至元八年（1271）才开始制定朝仪，在册封、奖掖大臣、祭祀宗庙、朝会等方面有了比较完善的制度，但会宴宗亲、赐宴大臣则还是多用本地本族风俗。后经世祖、成宗、仁宗，朝仪、祭祀、会宴、宾客等方面的礼乐制度逐渐完备。因此，《元史》说，元代的朝礼规模宏大，严肃完美，显示了元代统一气象，可谓盛况空前。

17. 明太祖初定天下，他务未遑，首开礼、乐二局，广征耆儒，分曹究讨。洪武元年命中书省暨翰林院、太常司，定拟祀典。乃历叙沿革之由，酌定郊社宗庙议以进。礼官及诸儒臣又编集郊庙山川等仪，及古帝王祭祀感格可垂鉴戒者，名曰《存心录》。二年诏诸儒臣修礼书。明年告成，赐名《大明集礼》。（《明史·礼》）

元末明初社会动乱，明代立国之初也面临重订礼乐的问题。明太祖朱元璋开国之始，其他政务还未处理，就开设了礼、乐二局，专门修订礼乐，这在中国历史上是首创，由此可见朱元璋对礼乐制度的重视。朱元璋责成有关部门和官员制定了祭祀礼乐，参考延续了前代宗庙祭祀的制度；专门设立礼官等有关儒士，制定了祭祀山川河流的礼仪以及对古帝王的祭祀礼乐。这些礼乐制度汇编成册，被朱元璋赐名为“大明集礼”。后来，朱元璋又召集其他各方面人才集中编辑各种礼乐规范，他在位三十年的时间内，编成了《孝慈录》《洪武礼制》《礼仪定式》《诸司职掌》《稽古定制》《国朝制作》《大礼要议》《皇朝礼制》《大明礼制》《洪武礼法》《礼制集要》《礼制节文》《太常集礼》《礼书》等，涉及政治生活、百姓生活的方方面面，可谓历代礼乐制度集大成。

18. 世祖入关，顺命创制，规模闳远。顺治三年，

诏礼臣参酌往制，勒成礼书，为民轨则。圣祖岁御经筵，纂成《日讲礼记解义》，敷陈虽出群工，阐绎悉遵圣训。高宗御定《三礼义疏》，网罗议礼家言，折衷至当，雅号巨制。若《皇朝三通》《大清会典》，其经纬礼律，尤见本原。（《清史稿·志礼一》）

清代也是以北方少数民族入主中原而统一全国。世祖顺治皇帝迁都北京后，就命人创修礼乐制度，其规模宏大。顺治三年（1646），诏命礼官参考前代的制度，编辑成书，作为百姓生活的规范。圣祖康熙皇帝时期又让人编撰《礼记解义》，高宗乾隆皇帝则罗列参考各代对礼有所研究的言论，御定三礼（《仪礼》《周礼》《礼记》）的解义，使其更加精当。在各代皇帝的努力下，清代形成了《大清通礼》《皇朝礼器图式》《祭器》《仪器》《冠服》《乐器》《卤簿》《武备》《满洲祭神祭天典礼》等礼乐制度体系，用满汉语言发行全国。又仿江永《礼书》例，增《曲礼》一目，及仿宋《太常因革礼》例，增《废礼》《新礼》二目。由于对中华民族居住地及各代礼仪制度和各种治理制度的继承，雍正帝才很自信地说，“中外（即中原及其外围）者，地所画之境也；上下者，天所定之分也。我朝肇基东海之滨，统一诸国，君临天下，所承之统，尧舜以来中外一家之统也；所用之人，大小文武，中外一家之人也；所行之政，礼乐征伐，中外一家之政也”。

第二节　各族文化，兼收并蓄

1. 行夏之时，乘殷之辂，服周之冕，乐则《韶》《舞》。（《论语·卫灵公》）

颜渊问孔子怎样治理国家，孔子说：“用夏朝的历法，乘商朝的车辆，戴周朝的礼帽，提倡高雅音乐。”孔子这里的意思是，治国一定用历史上的好经验、好方法。我们也可以从另一个角度来理解孔子的回答，即不同时代、不同民族的文化都可以兼收并蓄、拿来为我所用，从而成就更先进的文化。夏朝是我国历史上第一个朝代，相传为夏后氏部落领袖禹子启建立的奴隶制国家，传说为黄帝的后代；殷，即商朝，相传起源于东夷部落；周朝的统治者传说是黄帝的后代；《韶》乐或《韶》舞传说是舜帝所作，被孔子认为是“尽善尽美”，而舜帝传说是黄帝的后代。夏商周的更替其实是中华民族内部政权的更迭，孔子的观点已经超越了“夷夏之辨”，在文化继承上采取了开放的态度。

2. 加，以璧散，璧角。俎用梡、嶡。升歌《清庙》，下管《象》；朱干玉戚，冕而舞《大武》；皮弁素积，裼而舞《大夏》。《昧》，东夷之乐也。《任》，南蛮之乐也。纳夷蛮之乐于大庙，言广鲁于天下也。（《礼记·明堂位》）

这是《礼记》记载的鲁国国君在春季祭祀周公时的礼乐场景。鲁国是周公的封地，其地位高于一般诸侯国，祭祀周公可以用天子礼仪。在行礼的过程中，除了可以用周朝的歌舞礼乐（如《清庙》、诗经中的《象》、为纪念武王伐纣的《大武》）外，还用夏朝的《大夏》舞，及南蛮的乐曲《任》、东夷的乐曲《昧》。《礼记》认为，把蛮夷的乐曲在祭祀周公的庙堂上演奏，显示了鲁国的地位不同。当然，从另一个角度讲，鲁国乃至周朝作为华夏族统治者的政权，并没有排斥其他少数民族地区的文化，体现了成熟的中原文化对周边四方文化的吸纳和弘扬。

3. 故圣人也者，人之所积也。人积耨耕而为农夫，

积斫削而为工匠，积反货而为商贾，积礼义而为君子。工匠之子莫不继事，而都国之民安习其服。居楚而楚，居越而越，居夏而夏，是非天性也，积靡使然也。（《荀子·儒效》）

荀子认为，圣人也是积累善行的结果。无论农夫还是工匠，经验的积累、不断学习使他们成为农夫或是工匠，君子无非是认真学习礼义、遵循礼义罢了。一个人，居住在楚国久了，言谈举止就会像楚人；一个人居住在越国久了，为人处世就会像越人；同样，夷狄之人，在中原居住久了，就越来越像中原人。这不是天性决定的，而是后天习得的结果。虽然荀子举这样的例子，是为了说明学习积累的重要性，但同时也透露了一个真理和事实，中华民族具有学习的精神。即使处于中原的民族，对四方民族的文化也是乐于学习吸纳的，而处于边远地区的民族，也都积极学习中原文化，如此才成就了中华文明的博大精深、经久不衰。

4. 孔子闻之，遂见郯子而学焉。既而告人曰“吾闻之，天子失官，学在四夷，犹信”。（《孔子家语·辩物》）

《孔子家语》记载，郯国国君朝拜鲁国，叔孙昭子问道：“少昊氏用鸟名来封官，为什么？”郯子回答说：“少昊氏是我的祖先，我知道这事。从前黄帝用云来命名官职，所以百官之长都以云为名。炎帝用火命名官职，共工用水命名官职，太昊氏用龙命名官职，他们的方式都一样。我的祖先少昊挚建国时，凤鸟正好飞过，所以用鸟来名官，因此设立鸟长官而且以鸟命名。自从颛顼氏以来，不能用远来的天瑞来命名，就用近处的事情来命名，于是就设立百姓长官而用老百姓的事务来命名，这是没有办法的缘故。”孔子听说了这事，立刻去拜见郯子，向他学习。孔子对人说：“我听说，天子丧失官学后，学问就存在于四夷中了。这话是真实可信的。”孔子的观点说明，中原地区和偏远地区的文化交流融汇一直是存在的，即使一些文化在中原地区消失了，在偏远地区也可以看得到。在中国历史上，这是一个事实。有时候中原地区动乱，礼乐制度暂时混乱，而边远地区因学习了中原的礼仪，一些礼乐制度却可以在那里得到保存。

5. 送葬必高坟瓦椁，祭奠而羊豕夕牲，赠禭兼加，（赠）〔赗〕赙过礼，此其所失。原其由来，染秦化故也。（《华阳国志校补图注·蜀志》）

晋代常璩的《华阳国志》是我国现存的一部最早的、比较完整的地方志。它记载了四世纪中叶以前今四川、云南、贵州三省以及甘肃、陕西、湖北部分地区的历史、地理、人物等，具有很高的史料价值，是一部重要的史籍。《华阳国志》记载，在国家力量的影响下，西南蛮夷之地的风俗亦有重大变化，如秦国巴蜀的蛮夷居地，他们的丧葬制度已经深受秦地的影响，表现为文化发展的一体性。

6. 灵帝好胡服、胡帐、胡床、胡坐、胡饭、胡空侯、胡笛、胡舞，京都贵戚皆竞为之。（《后汉书·五行志一》）

汉代在张骞通西域后，边远地区和中原地区经济文化交流频繁，一些少数民族文化相继传入中原。《后汉书》记载，汉灵帝喜欢穿胡服、用西域的座椅，喜欢西域的饮食，欣赏西域的音乐舞蹈，因此，首都的达官贵人也都竞相购买来自西域的东西。这里说的胡床，是没有靠背也没有扶手，大部分应用于户外活动——狩猎、游玩、行军等——的一种座椅。汉时中原地区传统的坐具是筵、席、床、榻，人一般是席地而坐。东汉郑玄注《周礼》时解释说“筵亦席也，铺陈曰筵，籍之曰席，筵铺于下，席铺于上，所以为位也”。人坐在筵席上进食，后来，酒席也称为筵席。《说文》中说“床，安身之坐者”。从西域传入的这种坐具与中原的不同，可以垂腿而坐，被以中原久已存在的“床”命名，体现了中原文化与西域文化的融合。

7. 太宗践位，遵太祖之业，亦好黄老，又崇佛法，京邑四方，建立图像，令沙门敷导民俗。（《魏书·释老志》）

佛教最初自东汉传入中国，主要在南方和中原的汉族地区流行，南北朝时全国盛行，成为各族的重要文化信仰。《魏书·释老志》记载，北魏孝文帝时就喜好佛老，太宗拓跋嗣继承太祖的传统，继续信仰佛老，开始用佛教引导民风。其实，这种状况在北朝各个政权都存在。北魏世祖拓跋焘亦“归宗佛法，敬重沙门”，孝文帝诏令建佛寺，为僧人剃度，还亲自宣讲佛义，“度良家男女为僧尼者百有余人，帝为剃发，施以僧服……又幸永宁寺设会，行道听讲，命中、秘二省与僧徒讨论佛义”。可以说，在历代帝王的支持下，佛教在北魏末最终达到顶峰，“佛经流通，大集中国，凡有四百一十五部，合一千九百一十九卷……僧尼大众二百万矣，其寺三万有余”。这就表明，当时佛教在人民中传播之广、影响之大空前绝后。

8. 车驾南伐，以鉴为平南将军，还，除左卫将军，出为征虏将军、齐州刺史。时革变之始，百度惟新，鉴上遵高祖之旨，下采齐之旧风，轨制粲然，皆合规矩。高祖览其所上，嗟美者久之，顾谓侍臣曰：“诸州刺史皆能如此，变风易俗，更有何难。”（《魏书·河南王》）

北魏孝文帝在位时，大力推行汉化政策，曾禁鲜卑语，凡朝廷官员年三十以下者均须讲汉话；禁鲜卑服，令着汉人服装；改胡姓为汉姓，以拓跋氏为元姓等；变南徙鲜卑人籍贯为洛阳人，死后葬于洛阳；鼓励与汉人通婚，自己与诸皇弟均娶汉世家大族女为妃；行门阀之制，以鲜卑八姓和汉五姓为最高门第，凡厮养之户不得与士民为婚；参照汉、晋、南朝典章旧制，审订新律令、官制及朝仪。《魏书》记载，孝文帝时，王鉴（王曜次子）南征齐地，以齐地风俗制度治理当地，受到孝文帝的赞赏，孝文帝认为王鉴在民族文化融合方面做得好。

9. 服饰、丈夫从胡法，妇人裙襦，头上作髻，其风俗政令与华夏略同……文字亦同华夏，兼用胡书，有《毛诗》《论语》《孝经》，置学官弟子，以相教授。虽习读之，而皆为胡语。（《北史·高昌传》）

高昌国位于今新疆吐鲁番盆地及附近地区，原为以汉人为主建立的小国家。《魏书·高昌》有记载："彼之氓庶，是汉魏遗黎，自晋氏不纲，因难播越，成家立国，世积已久。"这些汉人是汉魏屯田士兵和晋代逃亡到这个地区的人的后裔。在长期和少数民族共同生活中，逐渐"胡化"，但还是继承了中国传统文化，后来这些人几经沉浮，逐渐融入了维吾尔族，他们学习诵读《毛诗》《论语》《孝经》等用的也都是维吾尔语，已经成为维吾尔族大家庭中的一员。

10. 虽夷狄之邦，而俎豆之象存。中国失礼，求之

四夷。（《三国志·魏书·乌丸鲜卑东夷传》）

北朝时期，是中国内部的动乱年代，各民族建立的政权都希望能够实现多民族国家大一统的历史格局，也都争相学习利用中原先进的礼乐文化。在这样的历史背景之下，“华夷之辨”的民族思想虽然存在，但是从多民族国家建设的层面来看，少数民族与汉族是一个自在的民族共同体的意识也同样存在。这里的“中国”指的是中原地区或者华夏文化的主要覆盖地区。此处的意思是，中原地区的诸多制度文化已经在历史发展过程中消亡，但是还在边疆民族中存在着，还可以拿来运用。我们可以推测，在长期的历史发展过程中，中原地区与边疆地区有着密切的文化交流，其实已经存在明显的高层次上的民族共同体意识，如此才能使中原地区的礼乐制度“求之四夷”。如《周书·宣帝》记载“大象元年春正月癸巳，受朝于露门，帝服通天冠、绛纱袍，群臣皆服汉魏衣冠”。

11. （勿吉）悦中国风俗，请被冠带。帝嘉之，赐以锦绮而褒宠之。（《北史·勿吉》）

勿吉是北魏至隋唐时期中原人对满族先人的称谓。勿吉人居住在松花江以东的拉林河流域。勿吉人与中原政府一直保持密切联系，488年，勿吉派使臣向中原进贡楛矢、石砮和方物。540年，又派使臣石久元等进贡貂皮等物品。到了隋唐时期，满族先人靺鞨部逐渐强大起来，以后人们便称满族先人为“靺鞨”，而不再称“勿吉”了。隋炀帝时，勿吉人来朝，隋炀帝听说他们喜欢中原的风俗，想穿戴中原的服饰，于是就赐给了他们锦缎衣冠。

12. 时世妆，时世妆，出自城中传四方。时世流行无远近，腮不施朱面无粉。乌膏注唇唇似泥，双眉画作八字低。妍媸黑白失本态，妆成尽似含悲啼。圆鬟无鬓堆髻样，斜红不晕赭面状。昔闻被发伊川中，辛有见之知有戎。元和妆梳君记取，髻堆面赭非华风。（《时世妆》）

文化交融是民族融合历史过程中的重要方面和巨大推动力。南北朝隋唐时期，社会风尚方面出现了大量“胡化”现象，胡食、胡乐、胡舞、胡服等对中原文化习俗产生重要影响，唐《东城老父传》有“今北胡与京师杂处，娶妻生子。长安中少年，有胡心矣”的记载。在胡俗的浸润下，“胡心”萌生，人们的生活观念和衣食住行文化等在逐渐改变。唐初社会中，汉人习胡俗是极为普遍的事，如唐太宗之子李承乾“好突厥言及所服”，与仆人游嬉时，曾“身作可汗死，使众号苦剺面，奔马环临之”，并企羡有朝一日“将数万骑到金城，然后解发，委身思摩，当一设”，胡俗与胡心一表一里，说明民族融合中的客观现象。唐代著名诗人白居易对这种风气十分反感，写《时世妆》是为了讽刺当时的风气，但客观上也反映了胡汉杂居而风俗融合的情景。

13. 会宁乃国家兴王之地，自海陵迁都永安，女直人寖忘旧风。朕时尝见女直风俗，迄今不忘。今之燕饮音乐，皆习汉风，盖以备礼也，非朕心所好。东宫不知女直风俗，第以朕故，犹尚存之。恐异时一变此风，非长久之计。甚欲一至会宁，使子孙得见旧俗，庶几习效之。（《金史·世宗中》）

金代是北方少数民族政权，虽未统一全国，但其统治地区也是中原文化繁荣的区域。金代的一些帝王对中原文化情有独钟（如金熙宗在儒士的教导下“赋诗染翰，雅歌儒服，分茶焚香，弈棋象戏”），在儒家文化的影响下，不仅逐渐“尽失女真故态”，但也因此担心自己的文化失传。上述所记金世宗言论即是，金世宗认为，女真人都习惯了汉人的风俗，有可能让女真的风俗消失，因此希望年轻人能够学习女真风俗。如此可知，金代在不排斥中原文化影响的情况下，希望保持本民族文化的心态，体现了中原文化与北方民族文化的共存和融合。金代随着移民的迁入，北方民族音乐、舞蹈、语言、社会风尚也开始传入中原，影响汉族人民，并进而与中原文化相融合形成新质文化。范成大说：“虏乐悉变中华，惟真定有京师旧乐工，尚舞高平曲破。”陆游赋诗记在北方看见的一次歌舞演出：“上源驿中槌画鼓，汉使作客胡作主。舞女不记宣和妆，庐儿尽能女真语。”

14. （二月）丁未，诏谕临安新附府州司县官吏士民军卒人等曰：“……秘书省图书，太常寺祭器、乐器、法服、乐工、卤簿、仪卫，宗正谱牒，天文地理图册，凡典故文字，并户口版籍，尽仰收拾。前代圣贤之后，高尚儒、医、僧、道、卜筮，通晓天文历数，并山林隐逸名士，仰所在官司，具以名闻。名山大川，寺观庙宇，并前代名人遗迹，不许拆毁。鳏寡孤独不能自存之人，量加赡给。”（《元史·世祖本纪六》）

元世祖在位期间，任用儒士，采用汉法，建行省制度，定朝仪，立官制，制法律，兴农桑，兴学校，创八思巴新字。南宋灭亡后，元世祖下诏，命令杭州地方官员对南宋的各类器物、文书、谱牒、图书、户籍以及儒家、医学、佛家、道家、巫术等文献进行保护；希望对通晓天文历法以及其他为躲避战乱而隐居山林的名士进行招募；对名山大川、寺庙道观以及前代名人遗迹进行保护；对孤寡老人进行救助。这充分体现了元世祖对传统文化的高度重视。

15. 汉人皆以蒙古名为荣，故虽非赐者，亦多仿之。……惟其通习，故汉人多有以蒙古语为名者，亦一时风会使然也。（《廿二史札记·元汉人多作蒙古名》）

元代是统一全国的蒙古族政权，巨大的疆域内，各族人民共生共存，以致各地区的风俗文化等相互影响。除了强大的中原文化对北方少数民族的生活有深刻影响外，蒙古族的文化也大范围地影响了其他民族。清代史学家赵翼通过读史发现，在元代，有不少汉人也喜欢取蒙古族的名字，也喜欢使用蒙古族语言文字。明人何孟春有言："元世祖起自朔漠以有天下？悉以胡俗变易中国之制？士庶咸辫发椎髻，深襜胡俗，衣服则为袴褶、窄袖及辫线腰褶；妇女衣窄袖短衣，下服裙裳，无复中国衣冠之旧。"可见，元代汉族士大夫穿戴蒙古服装已较为普遍。这种变化至元末成为时尚，甚至在明代尚延续了近百年。

16. 云南诸土官，知诗书，好礼守义，以丽江木氏为首云。（《明史·云南土司二》）

改土归流亦称改土设流、改土为流、改土易流，是明清时对以西南少数民族地区为主之地方行政制度的改革。即废除自元代以来世袭之土官，而代之以流官的统治，始于明洪武二十八年（1395）。清雍正间，由云贵总督鄂尔泰主持的改土归流，乃历史上规模最大的一次，涉及云南、广西、贵州、四川、湖广等地，总计当时改流所添设的府州县，约有六十多个。在改流地区，清政府设兵驻防，实行屯田，兴办学校，编造户口，废除过去土司的残暴统治，杜绝土司间之纷争，促进边远地区与内地经济、文化的交流，加强了中央对边远地区的控制。据《明太祖实录》载，洪武二十八年六月，朱元璋谕礼部："其云南、四川边夷土官，皆设儒学，选其子孙弟侄之俊秀者以教之。"《明史·职官四》说："其后宣慰、安抚等土官，俱设儒学。"丽江府正是在此时设立儒学机构，《明史·云南土司二》谓："永乐十六年检校庞文郁言，本府及宝山、巨津、通安、兰州四州归化日久，请建学校，从之。"说明部分纳西族开始接受汉文化，尤其是木氏封建领主学习汉文化更为积极。

17. 自我生之初，所见旧俗，所闻庭训，已谓其去古渐远。及今而日习日忘，虽大端尚在，而八旗之习，去汉人无几矣。（《天咫偶闻·自跋》）

《天咫偶闻》是清震钧撰。震钧，字在廷，姓瓜尔佳氏，汉名唐晏，字元素，自号涉江道人，满族人，长居北京。震钧网罗北京文献，走访调查，信手条记，追溯旧事而成是书，时在光绪二十九年（1903），后又有所补记，共十卷。按皇城、南城、东城、北城、西城、外城东、外城西、郊坰、琐记、自叙排卷。其主要内容有四：重大史事的纪实述略、典章仪礼的沿革变迁、地方故实的记录考证、名人佚事的调查记载。该书于清代北京的城建、名胜、交通、商业、文化、教育、风俗、习惯、天灾、人祸等无所不记，保存了许多有价值的史料，是一部重要的城市专志。震钧此处所记，是他有生以来所见满人的风俗已经与汉人无异，满汉民族在文化风俗上已经没有区别，显示了民族融合、文化融合的深刻程度。乾隆皇帝曾说，“新疆之苗，亦渐知向化，不独内地之苗，与汉民无异也”，意即新近纳入版图的疆域的民风，到乾隆时期已经和内地很接近了，反映了统一的清朝在文化交流融合上的进步。

第三节　语言文字，流通共用

1. 在昔帝轩，创制造物，乃命仓颉因鸟兽之迹以立文字。自兹以降，随时改作，故篆隶草楷，并行于世。然经历久远，传习多失其真，故令文体错谬，会义不惬，非所以示轨则于来世也。孔子曰“名不正则事不成”，此之谓矣。今制定文字，世所用者，颁下远近，永为楷式。（《魏书·世祖纪第四上》）

北魏世祖太武帝曾经下诏，希望统一使用汉字，命令把日常因篆书、草书、隶书、楷书书写不同而造成的错字统一改正，而重新确定文字的写法。在诏书中引用孔子的话作为指导，不但说自己是正统，而且还是儒家文化的正统，这就是典型的儒家文化认同意识。因此北魏太武帝又下诏希望能够得到儒家学者对北魏政权建设的支持。魏孝文帝推行“全面汉化”政策时，曾禁鲜卑官员在朝廷上说鲜卑语，违者免官。并下令宣布：“断北语，一从正音（指汉语），禧赞成其事。于是诏：‘年三十已上，习性已久，容或不可卒革。三十已下，见在朝廷之人，语音不听仍旧。若有故为，当降爵黜官。’”

2. 齐朝有一士大夫，尝谓吾曰：“我有一儿，年已十七。颇晓书疏，教其鲜卑语及弹琵琶，稍欲通解，以此伏事公卿，无不宠爱，亦要事也。”吾时俯而不答。异哉，此人之教子也！若由此业，自致卿相，亦不愿汝曹为之。（《颜氏家训·教子第二》）

北朝时期，北方少数民族相继入主中原，当地汉人为适应进仕和生活的需要而学习胡语，成为一种趋势，学习鲜卑语尤其受到重视。《颜氏家训》记载，北齐有位士大夫，曾经对颜之推说：“我有个孩子，已经十七岁了，通晓公文的书写，教他说鲜卑语、弹奏琵琶，他渐渐地也快掌握了，他用这些本领来侍奉王公贵族，没有不宠爱他的，这也是一件重要的事啊。”颜之推当时低头不语，未作回答。颜之推觉得这个人教育孩子的方法，真让人诧异啊！如果凭这些本领去取媚于人，即使能够官至宰相，他也不希望颜家的后代这样做。虽然颜之推不支持汉人为进仕而学习鲜卑语和鲜卑音乐，但也客观上表现了北朝时期鲜卑语及其文化在汉族聚集区的流行。

3. 后魏乐府始有北歌，即《魏史》所谓《真人代歌》是也。代都时，命掖庭宫女晨夕歌之。周、隋世，与《西凉乐》杂奏。今存者五十三章，其名目可解者六章。（《旧唐书·音乐二》）

《旧唐书·音乐二》虽记载的是流行于北周和隋代的北朝歌曲，但也证明，唐时这种歌曲也比较流行。宫女能够歌唱北朝乐府，一方面说明“北歌”已经汉化，可能已经翻译成汉语来歌唱，另一方面可能是直接用北方语言歌唱。无论是哪种情形，歌曲的流行都说明了不同民族语言的交流和共存。

4. （自黄龙府六十里）至托撒孛堇寨，寨为契丹东寨。当契丹强盛之时，虏获异国人则迁徙于此杂处。南有渤海，北有铁离、吐浑，东南有高丽靺鞨，西有女真、室韦，北有乌舍，西北有契丹、回纥、党项，西南有奚，故此地杂诸国风俗，凡聚会处，诸国人语言不能相通晓，则各为汉语以证方能辨，是知中国被服先王之礼义，而夷狄亦以华言为证也。（《三朝北盟会编·奉使行程录》）

《三朝北盟会编》是南宋徐梦莘编，共两百五十卷，宋光宗绍熙五年（1194）编成。书中引用官私著述两百余种，专叙宋金交涉的历史事件，为研究宋代抗金斗争和金人的制度风俗习惯等，提供了丰富的资料。此处所记是金朝黄龙府周边的地理和风俗状况。从中可以发现，金代所谓的契丹东寨有很多不同族属的人杂处，大大促进了各民族的文化风俗交流和融合。虽然各个民族的语言不通，但大家懂汉语，所以汉语成为各族日常交流的语言工具。作者由此感慨，从大家都熟悉汉语可知，即使这样的“夷狄”地区，中原文化的影响也是巨大的。在金章宗明昌二年（1191）四月癸巳，章宗曾谕有司，命令把女真文字直译为汉字，罢免国史院只会写契丹文字的学者。

5. 朕惟字以书言，言以纪事，此古今之通制。我国家肇基朔方，俗尚简古，未遑制作。凡施用文字，因用汉楷及畏吾字，以达本朝之言。考诸辽、金以及遐方诸国，例各有字，今文治寖兴，而字书有阙，于一代制度，实为未备。故特命国师八思巴创为蒙古新字，译写一切文字，期于顺言达事而已。自今以往，凡有玺书颁降者，并用蒙古新字，仍各以其国字副之。（《元史·释老》）

至元六年（1269），元世祖忽必烈下诏，元朝兴起于北方，风俗简陋，崇尚古法，官方语言用的汉语和维吾尔语。辽朝和金朝以及边远的其他地区都有自己的文字。基于文治的需要，对于制度制定，需要完备文字的种类，因此诏命国师八思巴创制蒙古新字，并且把其他语言文字翻译成蒙古新字，一同使用，如此可使政务的执行更加顺畅。《元史·选举一》记载：“世祖至元八年春正月，始下诏立京师蒙古国子学，教习诸生，于随朝蒙古、汉人百官及怯薛歹官员，选子弟俊秀者入学。”如此可见，在学校中，各族文字是通用的，不然各族学生无法学习和交流。

6. 初设四夷馆隶翰林院，选国子监生习译。宣德元年兼选官民子弟，委官教肄，学士稽考程课。弘治七年始增设太常寺卿、少卿各一员为提督，遂改隶太常。嘉靖中，裁卿，止少卿一人。（《明史·职官三》）

四夷馆是明永乐五年（1407）设的官署名。为方便和其他民族沟通，特设鞑靼（蒙古）、女直（女真）、西番（西藏）、西天（印度）、回回（回族）、百夷（傣）、高昌（维吾尔）、缅甸八馆。明正德中，又增设八百馆，万历中又增设暹罗馆，隶归翰林院。设少卿一人主事，正四品，掌译书之事，另置译字生、通事等通译国内少数民族和邻国语言文字。弘治七年（1494）开始增设太常寺卿、少卿各一人为提督，改隶太常。嘉靖中，裁卿，只少卿一人。四夷馆为便于翻译文字，还编有一些民族语文与汉文对照的分类词汇集《杂字》。流传至今的《高昌馆杂字》就是一部汉文、回鹘文对照的分类词汇集。四夷馆的设立大大方便了中原文化和边疆民族文化的交流，促进了官话在全国的推广，方便了中央政府对边远地区的了解和管辖。

7. 八旗满洲蒙古汉军内，前锋护军、另户领催、披甲、闲散人等，有能翻译书写清字者，从前并无升用之路，着通行查询。如有长于翻译、书写清字，情愿考试者，开具人数奏闻，令其考试，择其甚优者呈览。（《清世宗实录·雍正元年二月丙寅》）

雍正元年（1723），雍正帝下谕，命令在蒙古族、汉族的八旗军中招募懂翻译的蒙古族人和汉人。同时，通过童试、乡试、会试，培养了一大批满汉翻译的专业人才，大大促进了满汉语言文字的交流融通。在清立国初期，清政府曾经专门制定政策推崇满文，但随着移民以及教育的发展，满语的使用逐渐减少，其地位大大降低，很多满族官员和子弟已经不习满语。清廷以合璧书写开展了一系列具有“同文”意义的活动。如乾隆曾下谕令，永陵、福陵、昭陵所有下马木牌，俱改用石牌，镌刻汉、蒙古等五种字体，以昭国家一统同文之盛。这种情况在清后期更加明显，呈现语言文字空前融合的局面。1902年梁启超属文说：“立于五洲中之最大洲而为其洲中之最大国者，谁乎？我中华也；人口居全地球三分之一者，谁乎？我中华也；四千余年之历史未尝一中断者，谁乎？我中华也。我中华有四百兆人公用之语言文字，世界莫能及。我中华有三十世纪前传来之古书，世界莫能及。”这也表明，语言文字的统一代表了包括满族在内的中华民族在世界民族之林中的独特性和统一性得到空前展现。

第四章

胸怀天下、天下为公的理想追求

在中华文明的价值观念中，天下为公是重要的理想。这种理想主张天下是天下人的天下，而不是一私姓的天下。以天下为公为理念的国家的统一追求是胸怀天下苍生的现实选择，在这种理想与现实之间，家国同构，个人与民族的命运一体。无论是以儒家为代表的知识分子群体，还是以圣君明主为代表的统治阶级，都把天下一统、国家稳定、百姓生活作为自己的当然之责，都以天下为公的情怀实现自己的政治抱负。同时，天下为公并不排斥中央对国家大事进行集中处理的举国体制。“事在四方，要在中央”集中体现了君主或者中央的官僚机构所肩负的重大责任，体现了权力自上而下的运行体制，而且比较恰当而相对地区别了中央和地方的权责。在中国辽阔的土地上，在中华民族五千多年的文明史中，从夏朝就形成了统一的中央政权，同时形成了中央辖属的地方政权。一般而言，中央着眼于天下，而地方致力于具体管理事务，二者的共同任务就是稳固国家的统一而发展民生事业。中央与地方的关系，始终是整个国家政权发展的核心问题之一。中央与地方是矛盾的统一体，一方面自给自足的农业经济，封建的地方经济，给地方要求具有更充分的独立自决权提供了条件；另一方面国家的统一、民族的团结、经济的发展、军力的加强、法律的统一、文化的发扬，则又要求中央的集权，强化对地方的领导、监督和制约。这一矛盾体，密切关系着中国社会的兴亡盛衰。

第一节　胸怀全局，志在天下

1. 大道之行也，天下为公。选贤与能，讲信修睦，故人不独亲其亲，不独子其子，使老有所终，壮有所用，幼有所长，矜寡孤独废疾者，皆有所养。男有分，女有归。货，恶其弃于地也，不必藏于己；力，恶其不出于身也，不必为己。是故谋闭而不兴，盗窃乱贼而不作，故外户而不闭，是谓大同。（《礼记·礼运》）

《礼记》所描述的是一个上古的理想社会，也是将来的理想社会。在这个社会中，人们选举优秀的人来治理国家，不仅仅亲近自己的亲人，而是对所有人一视同仁、同等对待。鳏寡孤独者能够得到赡养、救济。但无论是何时的理想社会，这个社会必定是和谐、稳定的，而这必须有个前提，即这个社会是统一的。只有在统一的社会中，有稳定的政权或者国家治理机构，这个社会才能运行到如此的状态。这个理想出现在古老的《礼记》中，反映了我国古代的思想家超前成熟的对理想社会的设计，影响了后世思想家对理想社会之公平正义的不懈追求。

2. 故圣人耐（能）以天下为一家，以中国为一人者，非意之也。必知其情，辟于其义，明于其利，达于其患，然后能为之。（《礼记·礼运》）

圣人在中国传统文化中指的是品德高尚、智慧超群、能为民造福的人。这样的人不仅能全面深刻地认识社会，而且能够把握宇宙的规律，具有全局的视野，因此他们通常能够心怀天下。《礼记》说，圣人能够以天下为一家，即谓把天下的事情当成自己的事情，能够对所有人一视同仁。圣人能够体察民情，知道人民的需要，了解人民的忧乐，如此才能一统天下并且治理好天下。

3. 天下，非一人之天下，天下之天下也。阴阳之和，不长一类；甘露时雨，不私一物；万民之主，不阿一人。（《吕氏春秋·贵公》）

《吕氏春秋》认为，天下不是一个人的，而是全体天下人的天下。在整个宇宙之中，阴阳的交换和矛盾地运行，本身是不专门为了某一个生命的存在，而是为了所有生命的存在。自然界的风雨，也不是专门为了滋润某一个人。因此，对统治者来说，他不应该偏爱某一个人。此意是说，认识到自然存在规律和社会整体利益的统治者，不能有个人的私利和私欲，这样的人才配治理天下。

4. 譬之若楚、越之君，今是楚王食于楚之四境之内，故爱楚之人；越王食于越之四境之内，故爱越之人。今天兼天下而食焉，我以此知其兼爱天下之人也。（《墨子·天志》）

墨子，春秋战国之际的思想家、政治家，墨家学派创始人，姓墨名翟，鲁国人（一说为宋国人），出身于下层，经常和“农与工肆之人”交往。墨子身体力行，率徒奔波于齐、鲁、宋、楚、卫、魏等国，主张“尚贤”“尚同”“兼爱”“非攻”“节用”的思想，是较早具有“天下大同”观念的派别，希望天下和平统一。墨子认为，楚君之爱楚人、越王之爱越人，都是不对的。应该有兼天下的观念，即是天下人养育了统治者，统治者应该无差别地爱天下人。楚越之人在战国初年尚被诸夏视为“夷蛮”，而墨子早已将其与华夏视为一体，不分彼此，反映了墨家一派希望天下统一且和平的愿望。

5. 古之王者受命而王，改制称号，正月，服色定，

然后郊告天地及群神，远近祖祢，然后布天下。诸侯庙受，以告社稷、宗庙、山川，然后感应一其司。三统之变，近夷遐方无有，生煞者独中国。然而三代改正，必以三统天下。曰：三统、五端，化四方之本也。天始废始施，地必待中，是故三代必居中国。法天奉本，执端要以统天下，朝诸侯也。（《春秋繁露·三代改制质文》）

《春秋繁露》是董仲舒为汉武帝提供治国之策而作。所谓“三代改制”，指夏商周三代相继改朝换代的时候，下一个朝代必定改历法——主要是确定正月、改服色、制定礼仪。这种改制有天命观的色彩，通过敬告天地祖宗等，使上及天子下到诸侯，都认同和遵循这种改制的内容。但是这种改制只有中原地区有，四方蛮夷地区没有，这说明，这种“文明”的行为是中央政府获得统治合法性的表现，如此奠定了统一全国、使四方来服的基础。

6. 坚曰：“非为地不广、人不足也，但思混一六合，以济苍生。天生蒸庶，树之君者，所以除烦去乱，安得惮劳！朕既大运所钟，将简天心以行天罚。高辛有熊泉之役，唐尧有丹水之师，此皆著之前典，昭之后王。诚如公言，帝王无省方之文乎？且朕此行也，以义举耳，使流度衣冠之胄，还其墟坟，复其桑梓，止为济难铨才，不欲穷兵极武。”（《晋书·苻坚下》）

前秦是十六国时期北方少数民族氐族建立的政权，

其开创者为苻坚。苻坚在王猛等人的辅佐下，志在统一天下，而当时前秦周边群雄环伺，战略形势错综复杂。东南方的东晋政权已经稳定下来，东面的前燕与前秦相隔最近，势力也最为强大，西面有仇池杨氏和前凉政权，北面有鲜卑拓跋氏建立的代国。在南北分治、北方大乱和周边强敌林立的态势下，苻坚励精图治，广用人才，最终完成北方的统一。《资治通鉴》中记载：苻坚还自认为正统，他对劝他小心东胡的大臣阳平公融说："朕方混六合为一家，视夷狄为赤子，汝宜息虑，勿怀耿介。夫惟修德可以禳灾，苟能内求诸己，何惧外患乎。"苻坚不仅自诩自己的"正统"地位得到了各族的拥戴，还认为应该平等对待各族人民。

7. 国家兴自北土，徙居平城。虽富有四海，文轨未一。此间用武之地，非可文治，移风易俗，信为甚难。崤函帝宅，河洛王里，因兹大举，光宅中原。（《魏书·任城王拓跋澄传》）

北魏是北朝时期少数民族鲜卑族拓跋氏建立的政权。北魏孝文帝积极融入中原文化，志在统一全国，因此主张迁都。孝文帝迁都洛阳也在于能够更加方便学习中原文化并且使自己更接近"正统"，孝文帝认为，平城虽然使朝廷很富有，但其文化制度没有和中原接轨，他不仅认识到崤函是"帝宅"，河洛是"王里"，而且已经清楚地意识到要制御华夏、统一中国，就必须占据中原，因为只有如此，才能算是真正俯瞰天下的统治者，其政权才具有合法性。这反映了孝文帝放眼全国、志在统一的宽阔胸怀。此外，北魏中书监高闾对这个问题也有高明见解，他说："臣闻居尊据极，允应明命者，莫不以中原为正统，神州为帝宅。"远居北地的异族统治集团，尚且能够认识到中原地理的重要性，那么对世代定居中原的华夏族人来说，就更是不言自明的问题。所以，在中国历史上，恢复中原依然是当时仁人志士的共同志向。

8. 关右，秦汉旧都，古称天府，将士骁勇，厥壤膏腴……请都关右，帝必嘉而西迁。然后挟天子而令诸侯，奉王命以讨暴乱，桓、文之业，千载一时也。（《周书·于谨传》）

《周书》记载，于谨建言宇文泰（北周文帝，庙号太祖，时任西魏大臣），应该夺取西魏的政权，占据关右（泛指今陕西潼关以西地区）地区，挟天子以令诸侯，建立像齐桓公、晋文公那样的霸业，早日一统中国。于谨认为，关中等地区为汉文化的发祥地，宇文泰如果占据潼关以西的地区，以曾为秦汉旧都的长安为故土，本身就是利用了中原地域认同的积极效应，可以为统一中国打下良好的基础。北周武帝宇文邕即位后，广开言路，兼听纳谏，延揽人才，笼络汉族世家，加强中央集权，于天和七年（572）进行改革，以儒家为正宗，尊儒学为官学，尊崇儒士，宣扬儒家"王道""德政"，以求实现大一统。最终北周于建德六年（577），灭北齐，统一北方，拥有黄河流域和长江上游广大地区，与南朝陈对峙。北周还统一度量衡，制定《刑书要简》，力行均田制，加强了国力。

9. 丞相祠堂何处寻？锦官城外柏森森。
映阶碧草自春色，隔叶黄鹂空好音。
三顾频烦天下计，两朝开济老臣心。
出师未捷身先死，长使英雄泪满襟。（《蜀相》）

渴望国家的安定和统一是每个人的自然情感。杜甫生活的年代是安史之乱时期，唐朝由此从繁盛转向衰落，面临分崩离析的局面，杜甫的生活也因此颠沛流离。这首诗是杜甫流落成都时拜访祭祀诸葛亮的武侯祠所写。杜甫感慨，为完成全国的统一，兴复汉室，刘备曾三顾茅庐拜请诸葛亮，刘备和诸葛亮君臣同心，忠诚满腔，诸葛亮六出祁山，志在统一，可惜壮志未酬，身死五丈原，令后世志士仁人不禁泪洒衣襟。诸葛亮一生的才智、功业、德操，也是杜甫自身政治理想的写照。杜甫非常希望社会能够稳定，国家能够统一，反映了千古志士仁人的共同心声，感人至深。

10. 明日，铉朝于廷，仰而言曰："李煜无罪，陛下师出无名。"太祖徐召之升，使毕其说。铉曰："煜以

小事大，如子事父，未有过失，奈何见伐？”其说累数百言。太祖曰：“尔谓父子者为两家可乎？”铉无以对而退。呜呼，大哉，何其言之简也！盖王者之兴，天下必归于一统。其可来者，来之；不可者，伐之；僭伪假窃，期于扫荡一平而后已。（《新五代史·南唐世家第二》）

《新五代史》是宋代欧阳修所撰。北宋建立以后，面临统一全国的问题，南唐后主李煜本来打算向宋称臣纳贡，但谋士陈乔等认为金陵固若金汤，宋军难以攻取，于是李煜就暂且取消了投降的打算，赵匡胤因此发兵准备灭掉南唐。为求缓兵之计得逞，李煜派能说会道知识渊博的江南才子徐铉去游说赵匡胤。徐铉认为，李煜本来打算向宋称臣的，南唐与宋的关系就像子与父，李煜以子事父，没有过失，为什么攻伐他呢？赵匡胤说：“你认为父子是两家人吗？”表明了要灭亡南唐、统一国家的决心。欧阳修评论：赵匡胤很伟大啊，用这么简短的话就把道理讲明白了。王者兴起后，统一就不是他个人的事了，天下统一是必然的。愿意归顺的，就招抚它，不愿意归顺的，就攻取它。那些假借正统而反对统一的人，终究会被铲除。

11．臣愚诚不足以识前代之正闰，窃以为苟不能使九州合为一统，皆有天子之名而无其实者也。虽华夏仁暴，小大强弱，或时不同，要皆与古之列国无异，岂得独尊奖一国谓之正统，而其余皆为僭伪哉！（《资治通鉴·

魏纪一》）

《资治通鉴》是北宋司马光等所撰写，其目的在于以历史经验和有关评论为统治者提供治国的借鉴。这是司马光在陈述了三国的正统之争后，对谁有资格统一中国的评价。司马光坚持认为，以能“使九州合为一统”作为正统政权的标准，即以能统一中国作为政权合法性的基础；同时司马光还认为，分裂时期的并存政权虽然有“华夏仁暴，小大强弱”之分，但都是分裂时期的地方政权，就像周朝的诸侯国，都不是正统政权，不能“独尊奖一国”，而斥责他国为僭伪。

12. 杜时昇字进之，霸州信安人。博学知天文，不肯仕进。承安、泰和间，宰相数荐时昇可大用。时昇谓所亲曰：“吾观正北赤气如血，东西亘天，天下当大乱，乱而南北当合为一。消息盈虚，循环无端，察往考来，孰能违之。”是时，风俗侈靡，纪纲大坏，世宗之业遂衰。时昇乃南渡河，隐居嵩、洛山中，从学者甚众。大抵以“伊洛之学”教人自时昇始。（《金史·杜时昇传》）

杜时昇是金代的隐士。他学问广博，懂天文，不愿做官。承安、泰和年间，宰相多次推荐时昇可以承担重任。杜时昇对亲近的人说：“我看正北方向有赤气如血，在空中东西相连，天下当有大乱，乱后南北会合而为一。世道的消长盛衰，循环无穷，考察往事可以推知将来，谁能违背这个规律。”这时期，天下奢淫成风，朝廷的纲纪败坏，金世宗的基业就渐渐削弱了。于是杜时昇南行渡过黄河，隐居嵩山、洛山中，投到他门下求学的人很多。大致说来，用“伊洛之学”教人是从时昇开始的。虽然杜时昇的预言带有玄学的意味，但也在一定程度上反映出金代在世宗之后走向没落而国家将走向统一的真实情形。最终，金被元灭亡，后来，元又灭亡南宋，实现了南北的统一。

13. 西域之于中夏，言语嗜欲殊焉。虽汉唐以来，婚媾有之，然各怀旧族，不能杂处他土，顾安有生西域而葬江南者，惟我皇元肇基龙朔，创业垂统之际，西域与有劳焉。洎于世祖皇帝，四海为家，声教渐被，无此疆彼界，朔南名利之相往来，适千里者如在户庭，之万里者如出邻家。于是西域之仕于中朝，学于南夏，乐江湖而忘乡国者众矣……呜呼！一视同仁，未有盛于今日也。（《全元文·义冢记》）

1271年，忽必烈把蒙古国号改名为元。到1279年，南宋残部最后被消灭，全国实现了大统一。这时，国内外战争基本结束，国内来往畅通，人员交流非常活跃，国内大统一局面形成，为国内各民族的经济、语言、文化、信仰等方面的融合创造了条件。元代文人王礼对此盛赞，认为虽然在汉唐时期，西域和中原地区有婚姻往来，但少数民族基本不能在某一个地方聚居，像那种生在西域而葬在江南的情况，只有元代才出现。各民族的人们可以四海为家，都能受到中原文化的熏陶，彼此之间已经没有隔阂，大家都一视同仁，可谓盛况空前。

14. 恭惟皇帝陛下神凝得一，学懋通三，建八柱于天枢，张四维于地络，固已德隆宙始，功焕乾金者矣……颂曰：巍巍惟天，穆穆惟皇。帝力何有？有此万方。有风有雨，有日月光。休兹皞皞，澹然以忘。万年一统，世跻羲黄。天祚有清，万方颂圣。譬彼观天，在衡齐政；譬彼测海，蠡智私逞。康衢之谣，輶轩无靳，臣师其意，对扬休命。天眷在帝，帝益虔虔。陶匏藁秸，匪直郊坛。亦临亦保，举念皆天。怀柔百神，爰及竺乾。面稽昭格，灵贶殷阗。猗与那与，世有浚哲。绍庭上下，无竞维烈。开创守成，同涂合辙。万物作睹，缵承不辍。昭克配功，万世是揭。念典于学，逊志时敏。乐此不疲，广览博引。理学洙泗，异端无蹐。勤若儒生，五夜功准……四海弦歌，九州礼乐。一道同风，群归祓濯。忧劳万姓，罔或宴安……帝德如天，治隆三代。寿祚悠长，万有千载。（《纳兰性德全集·万年一统颂有序》）

纳兰性德是清代著名词人。此为纳兰性德为康熙所作的颂文。从文中所描述的历史事实可知，其写作时间应在康熙二十年（1681）年底平定三藩之乱和二十二年（1683）七月收复台湾以后。这个时候国家版图刚刚统一不久。纳兰性德对康熙帝的丰功伟绩大加赞赏，认为康熙在文治武功方面均可谓前无古人。纳兰性德特别提到了，在康熙帝的领导下，国家实现了统一，国土疆域之广史无前例，全国上下呈现出文化昌盛、四海和谐、九州同风的气象。

15. 我中国面积，和全欧洲差不多一样大，他们至今分为许多国，我们早已合成一国，其中原因虽甚复杂，但这“天下一家”的高尚思想，确为主要动机之一种。（《饮冰室合集·专集·欧游心影录节录》）

梁启超，我国近代史上的著名思想家和政治活动家。该选文作于1919年，记述了作者欧游时的见闻和感想。梁启超在游历欧洲各国时，感到欧洲虽然文化差不多，但分裂为很多个国家；而中国的国土面积和欧洲差不多，却能够合成一个国家，其中原因虽有很多，但还在于人民特别是统治者都有“天下一家”的观念，这种观念作为高尚的思想，是促成中国统一的重要动机之一。

第二节　事在四方，要在中央

1．民亦劳止，汔可小康。惠此中国，以绥四方。无纵诡随，以谨无良。式遏寇虐，憯不畏明。柔远能迩，以定我王……民亦劳止，汔可小息。惠此京师，以绥四国。（《诗经·民劳》）

此诗中的“中国”与“四方”并列，“中国”不是现在的“中国”概念，而是周王朝天子直接统治的区域，“四方”相当于殷商、东夷及原来宗周的同盟国。这首诗的意思是，老百姓太辛劳了，希望能得到稍微安康，这样的话，对周天子的统治也是有好处的，并且可以有利于平定四方。这是一首劝告周厉王安民防奸的诗，整首诗的要旨就是要内部安抚百姓，外部才能对四方具有强大的统治力。这首诗表明了，“中国”与“四方”是相对的概念，它们都是属于一个国家或者“天下”，但“中国”或者中央具有作为中心统摄“四方”从而管理天下的权力。

2. 夫先王之制：邦内甸服，邦外侯服，侯、卫宾服，蛮、夷要服，戎、狄荒服。甸服者祭，侯服者祀，宾服者享，要服者贡，荒服者王。日祭、月祀、时享、岁贡、终王，先王之训也……于是乎有刑不祭，伐不祀，征不享，让不贡，告不王。于是乎有刑罚之辟，有攻伐之兵，有征讨之备，有威让之令，有文告之辞。布令陈辞而又不至，则增修于德而无勤民于远，是以近无不听，远无不服。（《国语·周语上》）

甸服、侯服、宾服、要服、荒服是中国传统的“五服”制度。古代王畿外围，每五百里为一区划，视距离远近分为五等，体现了封建等级制度。要服与荒服为蛮、夷、戎、狄所居，要服地区的蛮、夷需要“岁贡”，荒服地区的戎、狄需要“终王”。所谓终王，就是部族首领要到周王的居处朝见周王。不同的地区对中央具有不同的义务，同时，中央对不同地区也有相应的权力制约。无论是采取攻伐的政策，还是采取修德而怀柔的政策，中央都有主动性。虽然这种制度带有等级强制色彩，但也从侧面反映了中央对地方所具有的权威，这对国家的稳定统一是必要的。

3. 非天子，不议礼，不制度，不考文。今天下，车同轨，书同文，行同伦。虽有其位，苟无其德，不敢作礼乐焉。虽有其德，苟无其位，亦不敢作礼乐焉。（《礼记·中庸》）

郑玄对《中庸》中的这句话在《礼记正义》有注解："此天下所共行，天子乃能一之也。礼，谓人所服行也。度，国家宫室及车舆也。文，书名也。今，孔子谓其时。言作礼乐者，必圣人在天子之位。"孔颖达对此正义："'非天子，不议礼'，此论礼由天子所行，既非天子，不得论议礼之是非。'不制度'，谓不敢制造法度，及国家宫室大小高下及车舆也。'不考文'，亦不得考成文章书籍之名也。'今天下车同轨'者，今谓孔子时车同轨，覆上'不制度'。'书同文'，覆上'不考文'。'行同伦'，伦，道也，言人所行之行，皆同道理，覆上'不议礼'。当孔子时，礼坏乐崩，家殊国异，而云此者，欲明己虽有德，身无其位，不敢造作礼乐，故极行而虚己，先说以自谦也。"无论是孔子，还是郑玄、孔颖达的注疏，他们都强调礼、度、轨、伦的制定是天子或中央的事情，但天子或中央应该德位匹配，否则他们制定的各种制度会缺乏权威性。此谓，天子或中央的德位匹配对天下一统的重要性。

4. 惟王建国，辨方正位，体国经野。设官分职，以为民极。乃立秋官司寇，使帅其属，而掌邦禁，以佐

王刑邦国。（《周礼·秋官司寇》）

王建立国都，需要辨别方位并确定宗庙和朝廷的位置，划分都城与郊野的界限。分设官职，使他们成为民众的榜样。于是设立秋官司寇，让他率领下属，掌管天下的禁令，以辅佐王，惩罚违法的诸侯国。秋官为周代官名。周设六官，以司寇为秋官，掌刑狱，后世多以秋官为刑部的代称。周朝设有多种官职来管辖地方诸侯，比如有轩车使者每年均被周朝中央委派外出，认真调查周统治下各地之风俗与文化，并收集各地的方言及文献资料，以便于周廷统一各地不同的制度与风俗。

5. 八荒之内有四海，四海之内有九州，天子处中州而制八方耳。两河间曰冀州，河南曰豫州，河西曰雍州，汉南曰荆州，江南曰扬州，济南间曰兖州，济东曰徐州，燕曰幽州，齐曰青州。山川污泽，陵陆丘阜，五土之宜，圣王就其势，因其便，不失其性。高者黍，中者稷，下者粳，蒲苇菅蒯之用不乏，麻麦黍粱亦不尽，山林禽兽川泽鱼鳖滋殖，王者京师四通而致之。（《说苑·辨物》）

“四海”的说法来自《山海经》，指的是东海、西海、北海、南海。九州是中国古代的行政区划，但九州名称说法不一。中州，指处于中原地带的一个区域，代指中原。八方极远之地以内有四海，四海之内有九州。天子处于中州控制八方。五种土地各有所宜，圣王依随地势，按照各类土地能提供的最大便利，不使它们丧失自身的特性而养殖或种植动植物，让人民安居乐业，也因帝王处在中州，交通四通八达，可使这些物资能够送来。

6. 事在四方，要在中央；圣人执要，四方来效。（《韩非子·扬权》）

韩非的治国理念是以法为本的法治，是法、术、势的结合。法是规矩、准绳；术是国君驾驭群臣的手段；势是国君的权威威势，强调“事在四方，要在中央”的中央集权。他着眼于“力”，就是要富国强兵。在韩非看来要富国强兵，就要实行法治，中央抓主要的纲领，掌握最高的权威，具体的事要放权地方，以制度来约束四方。如此，中央和地方才能协调发展，既能维护中央的权威，也能调动地方的积极性。

7. 为天下主者，天也。继天者，君也。君之所存者，命也。为人臣而侵其君之命而用之，是不臣也。为人君而失其命，是不君也。君不君，臣不臣，此天下所以倾也。（《穀梁传·宣公十五年》）

古人认为，天是最高的权威，人间的一切得失成败其最终原因都在于是否得到天命的支持。天下所有人的共主是天，君主代表天在人间行使权威，这是君所拥有的命。为人臣却侵犯君命而使用它，那就不是臣；为人君竟失去他所拥有的命，那就不是君。君和臣不仅是身份和职责的差异，而更多的是在于君和臣都应具有符合自身角色和责任的道德品质，如此，二者才能分工合作、上下畅通，达到社会治理有序。在《穀梁传》的作者看来，因为天下万物的根本是天，称为天子的人就是君，君主之所以有权威是他可向人们发布诏命。作为人臣，却侵夺君主的诏命而用它来胡作非为，这不像臣的样子；作为人君发布错误的命令，这就不像君的样子。这样的话，就无法正确处理中央和地方的关系，国家就会乱作一团，有倾覆的危险。

8.《春秋》曰："王正月。"《传》曰："王者孰谓？谓文王也。"曷为先言王而后言正月？王正月也。何以谓之"王正月"？曰："王者必受命而后王。"王者必改正朔，易服色，制礼乐，一统于天下。所以明易姓，非继仁，通以己受之于天也。王者受命而王，制此月以应变，故坐科以奉天地，故谓之王正月也。（《春秋繁露·天人三策》）

董仲舒重视改制，在这里提到了改制的内容"改正朔，易服色，制礼乐"，改制的目的"明易姓，非继仁"，表明换了一个姓的新王坐天下，他不是继承前朝帝王的位子，而完全是自己从上天那里接受过来的。新王必定改变历法，改换服饰的颜色，制作新的礼乐，如此可以把天下统一起来。作为王者，只是以改制之名应天时之变，但不能改变“道”，即不能改变顺应天命而养民的政治精神。

9. 故为人君者，正心以正朝廷，正朝廷以正百官，正百官以正万民，正万民以正四方。四方正，远近莫敢不壹于正，而亡有邪气奸其间者，是以阴阳调而风雨时，群生和而万民殖，五谷孰而草木茂，天地之间被润泽而大丰美，四海之内闻盛德而皆徕臣，诸福之物，可致之祥。莫不毕至，而王道终矣。（《汉书·董仲舒传》）

汉代儒学大师董仲舒针对如何处理中央与大臣以及四方的大一统问题，曾提出了自己的独到见解。他认为，帝王自己首先要正，然后才能正朝廷，然后才能正百官，然后才能正万民。万民正了，四方自然归正，远近都不敢不正。这样的局面形成后，四方、四海的民众都会归服，如此，王道可以行之久远，统一局面长久不衰。

10. 宰我曰：“请问禹。”孔子曰：“高阳之孙，鲧之子也，曰文命。敏给克济，其德不回，其仁可亲，其言可信；声为律，身为度，称以上士；亹亹穆穆，为纲为纪。巡九州，通九道，陂九泽，度九山。为神主，为民父母；左准绳，右规矩；履四时，据四海；平九州，戴九天，明耳目，治天下。举皋陶与益，以赞其身，举干戈以征不享、不庭、无道之民；四海之内，舟车所至，

莫不宾服。”（《大戴礼记·五帝德》）

宰我是孔子的学生，他问孔子大禹有什么功绩。孔子认为，大禹品德高尚，仁民爱人，诚实守信；自己以身作则，以声为律，以身为度；制定各种纲纪，使民有所遵循；疏通洪水，开辟交通；作为神的祭主，为百姓谋福；任用贤才，治理国家；征讨不道德、不来朝的人。做到这几点，四海之内，凡是道路通畅的地方，都来归服。

11. 上封事者言提刑司可罢，晧上疏曰：“陛下即位，因民所利更法立制，无虑数十百条。提刑之设，政之大者，若为浮议所摇，则内外无所取信。唐开元中，或请选择守令，停采访使，姚崇奏‘十道采访犹未尽得人，天下三百余州，县多数倍，安得守令皆称其职’。然则，提刑之任，诚不可罢，择其人而用之，生民之大利，国家之长策也。”因举汉刺史六条以奏。上曰：“卿言与朕意合。”拜礼部尚书。（《金史·张晧传》）

张晧，金大臣，博学贯通。《金史》记载的这段话是张晧对金章宗的谏言。金国占领黄河流域以后，学习汉唐制度，完善中央及地方各种机构的设置，加速封建化的进程。当时在州县之上设置具有监察等功能的提刑司（按察司）。这引起了一些女真旧贵族的反对，他们要求罢黜提刑司。张晧上疏请求保留提刑之职，他通过列举西汉时设置刺史和唐朝设置采访使的事实，说明在州县之上设置具有监察等功能的地方机构是十分重要的，它可以节制地方官员，关系到民生和国家安危，所以这一类机构是不能省去的。

12.《传》曰君子大居正，又曰王者大一统。正者，所以正天下之不正也；统者，所以合天下之不一也。由不正与不一，然后正统之论作。尧、舜之相传，三代之相代，或以至公，或以大义，皆得天下之正，合天下于一，是以君子不论也，其帝王之理得而始终之分明故也。（《欧阳修集·原正统论》）

欧阳修认为，天下大乱或者说中央和地方的关系到了不能正常维系的状态，其原因在于统治者不能做到既居正，又整合天下。只是继承了“血统”地位，而没有能力统一全国，中央缺乏权威，也不能叫正统，比如周平王；而有能力统一全国，却不能得其正，也不能叫正统，比如秦朝。在欧阳修看来，组成正统的两个条件（中央的权威和能力）是缺一不可的，都关系到如何处理中央和地方的关系，这种关系好的时代就是正统的时代。

13. 自古四夷在荒服之外，圣帝明王恤其边患，柔而格之，不吝赐与，未有假天王之号者也。何则？与之金帛，可节俭而补也；鸿名大号，天下之神器，岂私假

于人哉！唯石晋借契丹援立之功，又中国逼小，才数十州，偷生一时，无卜世卜年之意，故荐号于彼，坏中国大法。而终不能厌其心，遂为吞噬，遽成亡国，一代君臣，为千古之罪人。（《全宋文·范仲淹十二》）

北宋时期，北方少数民族政权相继建立，对中央政权造成严重威胁，有的要求北宋中央承认他们的合法性。元昊，即夏景宗，亦称李元昊或赵元昊，党项族，李继迁之孙，李德明子。宋明道元年（1032）元昊继承夏州定难军节度使、西平王，承父称帝之志，去唐、宋所赐李、赵姓氏，更拓跋氏为嵬名氏，改名曩霄，自称“兀卒”（“吾祖”，意为“可汗”），1038年称帝，建立“大夏”王国。且在第二年向北宋进表，要求承认元昊地位的合法性，并要求西夏拥有与北宋对等的政治身份。在范仲淹看来，元昊此举就是赤裸裸的民族分裂宣言，是不可饶恕的悖逆行为。范仲淹始终强调绝对不能承认西夏的独立，如果承认元昊称帝，就有可能带来灭国的危险。范仲淹以后晋承认契丹同等政治地位的教训为例，说明可以给予对方金帛，但绝不能给予对方“皇帝”称号这种天下之神器，否则就会削弱中央的权威，重蹈后晋的覆辙。

14. 宣政院，秩从一品。掌释教僧徒及吐蕃之境而隶治之。遇吐蕃有事，则为分院往镇，亦别有印。如大征伐，则会枢府议。其用人则自为选。其为选则军民通

摄，僧俗并用。至元初，立总制院，而领以国师。二十五年，因唐制吐蕃来朝，见于宣政殿之故，更名宣政院。（《元史·百官志三》）

元朝中央政府依据西藏地方的具体情况，参考唐对吐蕃的管理而设置了宣政院，与中书省、御史台、枢密院并列为中央政权中的四大机构。宣政院既负责管理全国佛教事务，又直接统辖藏族地区，藏族地区的军政、民政、财政大权都归宣政院掌管。宣政院负责任命各级僧俗官吏。宣政院的用人与行政原则体现了政教合一的特点。这是中央为了适应西藏地区的现实情况而做出的制度安排。

15. 礼部。尚书一人，左、右侍郎各一人，其属，司务厅司务二人，仪制、祠祭、主客、精膳四清吏司，各郎中一人，员外郎一人，主事一人，……尚书掌天下礼仪、祭祀、宴飨、贡举之政令。侍郎佐之。仪制分掌诸礼文、宗封、贡举、学校之事。（《明史·职官一》）

明礼部仍如唐制分为四司，掌全国礼仪、祭祀、宴飨、贡举的政令。办理部内行政事务的又有司务厅。唐宋礼部仅掌祠祀，至于像音乐唱导，分隶于太常、鸿胪二寺，元代则已并入礼部，而祭祀犹分掌于太禧宗禋院，番贡专隶于宣政院。明代合典乐、典教、宗藩诸事均掌于礼部，故在四清吏司之外，又设教习驸马仪制主事，铸印局、教坊司，职任较前代为重。明初，朱元璋废中书省和丞相，六部直接向皇帝负责，礼部的权力得到提升，职权大为扩展，更加体现了明代中央集权的制度特征。由于礼部一般在联系中央和地方的事务中，发挥着比其他部门更重要的作用，故明代的礼部更能显示中央对地方和民间的统领关系。

16. 台湾府属应试生儒，原有另编字号，取中之例。后因台地士子，半系泉漳二府之人，希冀多中，故有撤去另编字号之请。今冒籍者俱已改归本籍，海外诵读之士竞切观光。请仍照旧例，另编字号，于闽省中额内，取中一名，以示鼓励。（《清世宗实录·雍正七年十二月辛酉》）

清政府收复台湾后，对台湾也一并实行科举考试，实现对台湾教育、人才的有效治理。但清朝时期台湾属于福建管辖，台湾士子必须到省会福州参加乡试。由于台湾有资格参加乡试者本就不多，且台湾孤悬海外，来往大陆极为不便，所以台湾士子参与科考的积极性一度不高，能够通过乡试的士人更是微乎其微。康熙二十六年（1687），福建陆路提督张云翼奏请仿宁夏乡试另编字号录取之例，给与台湾特殊照顾政策。雍正年间，福建巡抚刘世明上疏请求对台湾实行专有名额制度。这个建议得到了雍正帝的允许，显示了中央政府对台湾科举的关照和对台湾教育的支持。

第五章

家国同构、精诚报国的爱国主义传统

中华民族拥有鲜明的爱国主义传统，这一方面构成了中华文明的重要精神内核，一方面也是维护国家统一、民族团结融合的重要道德力量，同时，一以贯之的爱国主义传统也是中华民族文明之统一性的重要表现。我们的祖国是中华民族列祖列宗们共同生活的区域，即“父母之邦”，爱国包括热爱这一区域所对应的国土，热爱生活于这一国土之上的国民，热爱这一国土范围内的文化、历史传统等，热爱为了维护社会共同体的秩序、安全、主权和稳定而建立起来的强大政治机构。由一定社会历史阶段的一定区域内的国土、国民、文化历史和国家机器等基本要素构成的人类生存的社会共同体，是当时人们的生活条件和精神归宿。爱国主义在中国历史上的不同阶段表现出不同的内容和特征，对因政权的更替而表现出的所谓“忠君”应该具体问题具体分析，要厘清忠君和爱国的辩证关系。忠君有时候和爱国是一致的，但有时候忠君却与爱国相悖，而爱国也不一定就是忠君。对中华民族文明中的爱国主义精神和情感，应该放在长期的民族融合和国家统一的层面上来理解。因此，本章主要从爱国主义的普遍性、客观性的角度来选取有关史料。家国同构、忠孝奠基是我们民族爱国主义的基本特征，由家而国、由爱家而爱国也是爱国主义形成的正常逻辑。而面对外国入侵，特别是近代以来对国土统一的维护和对外侮的抵抗，则集中反映了爱国主义的中华民族文明特性。

第一节　家国同构，忠孝奠基

1. 有子曰："其为人也孝弟，而好犯上者，鲜矣；不好犯上，而好作乱者，未之有也。君子务本，本立而道生。孝弟也者，其为仁之本与！"（《论语·学而》）

有子，春秋末鲁国人，姓有名若，孔子晚年弟子。《论语》中记载的这段话是有子的言论。有子说："孝敬父母、尊敬师长，却好犯上的人，少极了；不好犯上，却好作乱的人，绝对没有。作为一个品德高尚的人，做人首先要从根本上做起，有了根本，就能弘扬真理。孝敬父母、尊敬师长，就是仁的根本吧！"有子的话道出了一个逻辑，即一个品德高尚的人应该从身边做起，对家庭成员好，才能对其他人好，才能不犯上作乱，才可能对国家好。忠孝是基本的做人要求，由孝到忠，是自然的发展过程。这种移孝作忠的传统，在各朝各代都有所发扬。当然，这里面有个糟粕和精华共存的问题，需要分别对待。但我们的民族精神向来是倡导国大于家，国事高于家事，在面临外敌入侵的时候，能够舍生取义，宁可家破人亡也要杀敌报国，这在近代以后，特别是抗战时期表现尤其鲜明。

2. 君民者，岂以陵民？社稷是主。臣君者，岂为其口实，社稷是养。故君为社稷死，则死之；为社稷亡，则亡之。若为己死，而为己亡，非其私昵，谁敢任之？（《左传·襄公二十五年》）

齐庄公，西周末东周初齐国国君，公元前794—前731年在位，统治期间齐国一度强盛，后因淫于崔杼之妻棠姜，为崔杼之徒射杀。齐庄公死后，晏子站在崔家的门前，他的手下问："准备为齐庄公而自杀吗？"晏子说："难道是我一个人的君主吗？我为什么要死？"手下问："您要逃走吗？"晏子说："是我的罪过吗？为什么要逃走？"手下人说："回去吗？"晏子说："国君死了，回到哪儿去？作为百姓的君主，难道是用他的地位，来凌驾于百姓之上？他应当主持国政。作为君主的臣子，难道是为了他的俸禄？他们应当保护国家。所以君主为国家而死，那么臣子也就应该为他而死，如果君主为国家而逃亡，那么臣子也就应该为他而逃亡。如果君主为自己而死，为自己而逃亡，不是君主个人宠爱的人，谁敢承担这个责任？”晏子的意思很清楚，社稷高于君主和臣子，如果君主是为自己的利益而死，则不值得为他尽忠。

3. 其为人上也，广大矣！志意定乎内，礼节修乎朝，法则度量正乎官，忠信爱利形乎下。行一不义，杀一无罪，而得天下，不为也。此君子义信乎人矣，通于四海，则天下应之如欢。是何也？则贵名白而天下治也。故近者歌讴而乐之，远者竭蹶而趋之，四海之内若一家，通达之属莫不从服。夫是之谓人师。（《荀子·儒效》）

秦昭王问孟子，儒者处于高位是如何作为的。孟子回答，儒者处于高位，则内在意志坚定，修礼节，定法度，以仁义得天下，如此能畅行于四海，天下人则同声相和。因此近处的人讴歌而欢迎之，远处的人则不辞辛苦来归服之，四海之内就像一家人。这样的儒者可成为国君的老师。孟子其实道出了这样一个道理，即齐家与治国是同样的道理，如果在一个国家内的人能够像一家人那样，这样的国家是很好治理的。可以引申一下，即爱家与爱国从根本上是相通和一致的。

4. 既而元言曰：“自天地分判，五行施则，人之所崇，莫重于孝顺。然五孝六顺，天下之所先，愿陛下

重之，以化四方……”高祖曰：“孝顺之道，天地之经，今承三老明言，铭之于怀。”明根言曰：“夫至孝通灵，至顺感幽，故《诗》云：孝悌之至，通于神明，光于四海。如此则孝顺之道，无所不格。愿陛下念之，以济黎庶。”（《魏书·尉元传》）

元，即尉元，北魏大臣，鲜卑尉迟氏（后改尉氏），年八十要求退休，被拜为三老。明根，即游明根，北魏广平任县（今河北邢台任泽区东）人，年逾七十后表求致仕，被尊为五更。北魏高祖孝文帝尊崇儒家忠孝思想，尊重老臣，老臣尉元、游明根等在退休之际，关于孝道的重要性，对孝文帝言之切切。他们认为，孝道可以化四方而光于四海，可以团结国民，使百姓安居乐业。孝文帝虚心接受，并决心铭记于心。作为少数民族政权，北魏可以说是学习中原文化的典范，这对加强北魏与中原人士的密切联系起到了很好的作用。

5．汝等宜尽赤心向天子。我事三代主，唯用一好心。今赐物具存，此忠孝之报也，愿汝皆思念之。（《隋书·列女传》）

冼夫人“世为南越首领，跨据山洞，部落十余万家”，在岭南一带颇具影响力。当“侯景之乱”爆发、萧梁危坠之时，冼夫人与陈霸先会师于赣石，全力支持陈霸先起兵平叛，并协助朝廷先后剿灭了李迁仕、欧阳纥、王仲宣等分裂势力，巩固了南朝对岭南的统治。隋灭陈后，冼夫人率众归顺隋朝，维护了大一统格局。每逢年节，冼夫人都要在厅堂陈列历代朝廷赏赐之物，并以上述话语谆谆教诲子孙：“你们应该忠于隋朝天子。我服务于三代国君，都是忠心耿耿。现在皇帝赐给的礼物都在这里，都是践行忠孝得到的好报，希望你们都感恩于心。”冼夫人在世时为中国的统一事业和岭南各民族的融合，做出了较大的贡献，生前曾被陈封为中郎将，被隋封为谯国夫人。

6. 自晋永嘉之乱，皇纲失驭，九州君长，据有中原者甚众。或推奉正朔，或假名窃号，然其君臣忠义之节，经国字民之务，盖亦勤矣。（《隋书·经籍志二》）

“永嘉之乱”是指西晋永嘉年间刘汉军攻破晋都、俘虏晋帝的历史事件。永安元年（304）秋，匈奴贵族刘渊趁晋室内乱，利用各族人民起义之机，起兵左国城（今山西吕梁离石区东北）建立汉国，自称汉王，尊蜀汉后主刘禅为孝怀皇帝。他采纳侍中刘殷之策，于永嘉二年（308）大举攻晋。四年（310）刘曜攻破洛阳，俘晋怀帝司马炽，杀太子、宗室诸王、大臣及士民三万余人。永嘉之乱后，中国进入南北朝时期，统一局面被打破，此时各个政权相继进驻中原，都自称为正统。虽然他们都没有完成国家的统一，但对忠孝节义的倡导却很积极，因为他们认识到这种价值观有利于他们的统治，也更利于他们统一中国的目标的实现。

7. 五刑之属三千，而罪莫大于不孝。孔子曰："非圣人者无法，非孝者无亲，此大乱之道也。"……王者之有刑纠，犹人之左右手焉。故孔子曰："刑罚不中，则人无所措手足。"是以萧何定法令而受封，叔孙通以制仪为奉常。立功立事，古之所重。其明议损益，以成一代准式。（《晋书·慕容超》）

慕容超，十六国时南燕国君，405—410年在位，鲜卑族。慕容超认为，在所有的刑罚中，不孝的罪是最大的。他所引用的孔子的话出自《孝经·五刑》，意思是圣人都需要有法律来约束百姓，那些不遵守孝道的人是没有亲人（不关心亲人）的，这就是造成动乱的原因；慕容超认为，统治者有刑罚是必要的，就像人有左右手。孔子所说的"刑罚不中，则人无所措手足"，出自《论语·子路》，意思是刑罚不公正，则民会手足无措。慕容超对汉代萧何制定法律、叔孙通设计朝仪的做法表示赞赏，认为这是社会稳定、国家统一的重要举措。

8. 管摄天下人心，收宗族，厚风俗，使人不忘本，须是明谱系世族与立宗子法。宗法不立，则人不知统系来处。古人亦鲜有不知来处者，宗子法废，后世尚谱牒，犹有遗风。谱牒又废，人家不知来处，无百年之家，骨肉无统，虽至亲，恩亦薄。宗子之法不立，则朝廷无世臣。且如公卿一日崛起于贫贱之中以至公相，宗法不立，既死遂族散，其家不传。宗法若立，则人人各知来处，

朝廷大有所益。或问："朝廷何所益？"公卿各保其家，忠义岂有不立？忠义既立，朝廷之本岂有不固？今骤得富贵者，止能为三四十年之计，造宅一区及其所有，既死则众子分裂，未几荡尽，则家遂不存，如此，则家且不能保，又安能保国家！（《经学理窟·宗法》）

张载是北宋著名哲学家，理学创始人之一。家族、宗族指同姓亲属。《白虎通·宗族》解释说："族者何也？族者，凑也，聚也，谓恩爱相流凑也。生相亲爱，死相哀痛，有会聚一道。故谓之族。"古代有"三族""九族"之说，三族的解释有不同的说法，有的认为是父母、兄弟、妻子（子女），有的认为是扩大的父族、母族、妻族，有的包括父、子、孙三代，有的认为包括父辈的兄弟、同辈的兄弟、子辈的兄弟。九族一般认为是同族的高祖、曾祖、祖、父、自己、子、孙、曾孙、玄孙。张载认为，宗族的存续是一个国家团结人民、凝聚人心的重要途径。宗法伦理能够保留和得到执行，则人们都知道来处，知道自己的根本所在，这对朝廷是大有好处的。因为，公卿知道自己的来处，则会行孝悌之道德，自己的家能够安定团结，则自然对国家尽职尽责，忠义能够畅行，朝廷就会稳固，国家就会安定。如果不能保家、不能行家庭伦理，则国家怎么能保得住呢！

9. 君子将营宫室，先立祠堂于正寝之东，为四龛，以奉先世神主。旁亲之无后者，以其班祔。置祭田，具

祭器。主人晨谒于大门之内，出入必告，正至朔望则参。俗节则献以时食，有事则告。（《朱子全书·家礼》）

朱熹是南宋著名的理学家。朱熹感慨世风日下，基于传统礼节的规范，为人们生活的各方面制定了礼法。朱熹在《家礼》中开篇就说明了设立祠堂祭祖的意义。朱熹说，那些想为国家有所贡献的人，应先在正寝的东面建造祠堂。搭制四个小阁，用来供奉祖宗牌位。旁支亲戚没有后代的，按顺序附祭各自的父辈。添置祭田，准备祭器。宗族宗主早晨拜谒于祠堂大门之内，或出或入，均必告知祖宗。正至、朔望等日期，举行仪式进行参拜。按世俗节日，奉献时令食品，家中有大事，到祠堂告知祖宗。若是遭受水、火、盗贼之灾，要先救祠堂，先迁移祖宗牌位、谱牒，再保护祭祀器物，最后才去抢救家产。家族中世代变化，就改写祖宗牌位，按顺序迁移。祠堂在南宋得到普遍设立，在祠堂的基础上，明代中期以后，还形成了家庙。

10. （金世宗十一年）戊寅，幸东宫。上谓皇太子曰："吾儿在储贰之位，朕为汝措天下，当无复有经营之事。汝惟无忘祖宗纯厚之风，以勤修道德为孝，明信赏罚为治而已……君人者，焉用伪为。受恩于父，安有忘报于子者乎。朕御臣下，惟以诚实耳。"（《金史·世宗本纪上》）

金世宗在位期间，进行了一系列改革，与民休息，使金朝呈现盛世景象，金世宗也被称为“小尧舜”。虽然金世宗比较保守女真人的旧制，比如反对女真人改汉姓、穿汉服，但还是深受儒家伦理的影响。金世宗一向对家族内部有严格要求，特别是对将来继承大位的皇子更是如此。金世宗认为，自己为金朝的稳定和发展做了很多工作，而皇太子则可能会坐享其成。因此，他告诫皇太子应该牢记先辈的功绩和家风，勤政爱民才是最大的孝，赏罚分明、诚信待人是治国的基本道德素养。从上述金世宗对皇太子的教诲可知，他非常重视孝道和儒家所提倡的诚信道德，认为这些品质有利于团结大臣、稳固政权。

11．时方尊礼国师，帝命希宪受戒，对曰：“臣受孔子戒矣。”帝曰：“孔子亦有戒耶?”对曰：“为臣当忠，为子当孝，孔子之戒，如是而已。”（《元史·廉希宪传》）

廉希宪，元代畏兀儿（今译维吾尔）人，通经史，年十九岁入侍忽必烈于藩邸，忽必烈称之为“廉孟子”。忽必烈曾经想让廉希宪受佛戒，廉希宪予以回绝，并说自己受了孔子的戒，孔子的戒就是“为臣时，当忠于朝廷或国家；为儿子时，当孝敬父母”。由此看，廉希宪儒学修养相当深厚。他经常向元代名儒许衡、姚枢等人请教安邦治国之道，并请许衡提举京兆的学校，教育和培养人才。他为官地方时，经常赈济贫民、兴办学校，大受民众欢迎，充分体现了他的忠孝观念。

12．如以父母在堂，未可以身许人，则必不可仕。既仕，便当随寓而尽为臣之节，国尔忘家，忠以成孝，不可执古语饰非。（《止止堂集·愚愚稿》）

戚继光，明代将领，著名军事家和抗倭民族英雄，任浙江参将时，镇守宁波、绍兴、台州三府，招募义乌矿工、农民，编练成纪律严明、战斗力强大的“戚家军”，成为抗倭劲旅。嘉靖四十年（1561）平定浙江倭患。次年援闽，任总兵官，与谭纶、俞大猷等抗倭将领历经数年，平定了东南倭患。戚继光晚年退居山东蓬莱，把多年的军事经验写成著作，可谓一生忠于国家和民族。戚继光认为，假如父母都还健在，如果没有不得已的非要离开父母的情况，则可以不当官；既然当了官，成为国家的人，那么就应该尽忠于朝廷或国家，如此为国而忘家，也是成就了孝道。

第二节 爱国守土，烈士殉道

1. 志士仁人，无求生以害仁，有杀身以成仁。（《论语·卫灵公》）

孔子主张，有志之人、有德之士，不能也不会贪生怕死而损害仁义，他们宁可牺牲生命也要成全大义。孔子的仁具有多方面的意义，既可以是“仁者爱人”，也可以指为了某种公义而牺牲自己的利益甚至生命。这种公义既可以指某种公平正义的价值，也可以指民族国家的安危。因此，仁者具有强烈的社会意识和巨大的历史责任感、使命感，他们有很好的自律品质，无论是处理人际关系，还是处理与国家社会的关系，都能够做到无私无畏。

2. 居天下之广居，立天下之正位，行天下之大道。得志与民由之，不得志独行其道。富贵不能淫，贫贱不能移，威武不能屈。此之谓大丈夫。（《孟子·滕文公下》）

孟子认为，一个道德高尚的人，应该胸怀宽广，以天下为己任，行得正、坐得直，没有偏私，无所傍依，不在乎得失。如果有所成就，就与民同乐；如果不得志，没有人附和，那么还是会坚持自己的理想；即使是富贵也不能让人放松意志，即使是贫贱也不能转移心志，即使是强权豪横也不能让人屈服。孟子认为，这就是大丈夫的品格。这种大丈夫的精神影响深远，从做一个正直的人，到为国牺牲，历史上都不乏其人。

孟子其实也提出了一个重要的命题，即成为一个道德高尚的人、一个正直的人是担负治国大任的前提；而一个道德素质低下的人、一个善于攀附权贵而无所坚守的人，是不可能成为国家栋梁的，如果他处于高位，则只能成为国家的危害。

3. 守国之度，在饰四维……四维不张，国乃灭亡。国有四维，一维绝则倾，二维绝则危，三维绝则覆，四维绝则灭。倾可正也，危可安也，覆可起也，灭不可复错也。何谓四维？一曰礼，二曰义，三曰廉，四曰耻。礼不逾节，义不自进，廉不蔽恶，耻不从枉。故不逾节则上位安，不自进则民无巧诈，不蔽恶则行自全，不从

枉则邪事不生。（《管子·牧民》）

管子认为，稳定国家的途径，在于整治“四维”。“四维”不能发扬，国家就会灭亡。国家有“四维”作为治理的纲领。缺一维，国家会失去平衡；缺二维，国家会面临危难；缺三维，国家会遭到颠覆；四维都缺了，国家就会灭亡。倾斜可以扶正，面临危难有机会化危为安，被颠覆可以复起，但灭亡了就不再有办法了。四维是什么呢？即礼、义、廉、耻。“礼”即不超越节度，“义”即不独自求进，“廉”即不掩饰过错，“耻”即不做坏事。因此，不超越礼节，君主的地位就会安稳；不独自求进，百姓就不会尔虞我诈；不掩饰过错，行为自然就端正；不干坏事，邪恶的事情自然不会发生了。管子认为，对这四种价值观的提倡和弘扬是治国的核心，同时，这四维也是一个对国家有担当的人应该具有的品质；一个人没有礼义廉耻，特别是没有廉耻，则会无所不为，最终背叛国家。

4. 且夫天地为炉兮，造化为工；阴阳为炭兮，万物为铜。合散消息兮，安有常则？千变万化兮，未始有极！忽然为人兮，何足控抟；化为异物兮，又何足患！小智自私兮，贱彼贵我；达人大观兮，物无不可。贪夫徇财兮，烈士徇名；夸者死权兮，品庶每生。怵迫之徒兮，或趋西东；大人不曲兮，意变齐同……（《贾谊集校注·鹏鸟赋》）

贾谊，二十岁已“颇通诸子百家之书”。文帝初召为博士，参与朝议，因周勃、灌婴等谗毁，被贬为长沙王太傅，后人亦称贾长沙、贾太傅。《汉书·贾谊传》说：“谊为长沙傅三年，有服飞入谊舍，止于坐隅。服似鸮，不祥鸟也。谊既以谪居长沙，长沙卑湿，谊自伤悼，以为寿不得长，乃为赋以自广。”《赋》中指出万物变化都是形气转续、无穷无尽。还认为万物的产生与变化是天地阴阳互相作用的结果，没有主宰，没有常则，没有静止，没有终极。《赋》中也表现出宿命论倾向和悲观情绪。但贾谊也同时表达了抱负不能实现的遗憾。《赋》通过对比两类事物或人，强调了变化自然的意识，同时也鞭挞了“贪夫”与“小人”，赞扬了“烈士”与“大人”。这里的烈士指的是重义轻生之士。我们现在认为烈士是为了公共利益或民族存亡而牺牲自己生命的人，正是取这个意思。其实，烈士不一定就是牺牲生命的人，更多地指忠烈之士。忠烈之士往往舍己为国，舍己为公。

5. 臣本布衣，躬耕于南阳，苟全性命于乱世，不求闻达于诸侯。先帝不以臣卑鄙，猥自枉屈，三顾臣于草庐之中，咨臣以当世之事，由是感激，遂许先帝以驱驰。后值倾覆，受任于败军之际，奉命于危难之间，尔来二十有一年矣。（《出师表》）

《出师表》，又名《前出师表》，三国蜀国诸葛亮作于蜀汉后主建兴五年（227），是诸葛亮出师北伐之前上给后主刘禅的奏表。当时，诸葛亮为了实现刘备振兴汉室、北定中原的遗愿，“五月渡泸，深入不毛”，先平定了南方，打下坚实基础，然后趁曹魏兵败祁山、孙吴石亭受挫的有利时机，“奖帅三军，北定中原”，以期统一“中国”。《表》中，诸葛亮分析了“天下三分”大势，向后主提出广开言路、赏罚严明、亲贤远佞的建议，劝导后主“深追先帝遗诏”，内修政治，外用甲兵，兴复汉室。同时自陈己志，说明出师北伐是要完成刘备统一“中国”的未竟之业。诸葛亮还有一篇《后出师表》，其中有“臣鞠躬尽瘁，死而后已”的话，成为千古名句，表达了为国尽忠的强大决心。

6. 白马饰金羁，连翩西北驰。借问谁家子，幽并游侠儿。少小去乡邑，扬声沙漠垂。宿昔秉良弓，楛矢何参差。控弦破左的，右发摧月支。仰手接飞猱，俯身散马蹄。狡捷过猴猿，勇剽若豹螭。边城多警急，虏骑数迁移。羽檄从北来，厉马登高堤。长驱蹈匈奴，左顾陵鲜卑。弃身锋刃端，性命安可怀？父母且不顾，何言子与妻！名编壮士籍，不得中顾私。捐躯赴国难，视死忽如归！（《白马篇》）

此选文为曹植所作。曹植系建安时期最负盛名的作家之一，同父曹操、兄曹丕并称为“建安三杰”，其诗作代表了建安文学的最高成就。这首诗又名《游侠篇》，系作者前期的代表作。作品通过塑造一个武艺高强、渴望卫国立功甚至不惜壮烈牺牲的爱国少年形象，抒发了自己报国为民的政治理想。文中还透露出一种忠勇精神，抒发了强烈的爱国激情。“视死如归”已经成为中华民族共赴国难的精神感召。南北朝时，孔稚珪也写有一篇《白马篇》，同样抒发了自己建功立业、保家卫国的抱负。在社会动乱、国家分裂的时期，这种文学作品比较普遍，反映了知识分子对国家危亡的深深担忧和为国牺牲的意志。

7. 冲竭忠奉上，知无不尽，出入忧勤，形于颜色；虽旧臣戚辅，莫能逮之，无不服其明断慎密而归心焉。于是天下翕然，及殊方听望，咸宗奇之。高祖亦深相杖信，亲敬弥甚，君臣之间，情义莫二。（《魏书·李冲传》）

以李冲为代表的陇西李氏，对北魏王朝始终保持忠君爱国的政治立场，是北魏汉族士人政治态度的重要代表。“忠”是李冲最为醒目的品德，他全力辅佐冯太后、孝文帝治理国家、推行改革，为北魏竭忠尽智，有力推动了北魏的发展与改革。《魏书》的作者魏收充分肯定了李冲的忠君爱国品德。李冲去世后，孝文帝深感痛惜，下诏褒扬李冲之德，称颂其“忠肃柔明”，“仁恭信惠，有结民心，可谓国之贤也，朝之望也”。

8. 病骨支离纱帽宽，孤臣万里客江干。

位卑未敢忘忧国，事定犹须待阖棺。

天地神灵扶庙社，京华父老望和銮。

出师一表通今古，夜半挑灯更细看。（《病起书怀》）

此选文为陆游所作。陆游生当北宋灭亡之际，少有大志，绍兴中应殿试，为秦桧所黜，桧死后始为宁德主簿。孝宗继位，赐进士出身，曾任镇江、隆兴通判。乾道八年（1172）入四川宣抚使王炎幕府，后范成大帅蜀，被邀为参议。离蜀后在福建、浙江等地任职，终因坚持抗金而被废黜。陆游以诸葛亮来激励自己，鞠躬尽瘁，死而后已。“位卑未敢忘忧国”是作者的名句，足见诗人无限爱国之心，也是后世无数志士仁人之座右铭。正因为如此，刚病好的陆游便挑灯夜看诸葛武侯之《出师表》，以期恢复中原，显得格外沉重庄严。

9. 有亡国，有亡天下。亡国与亡天下奚辨？曰：易姓改号，谓之亡国；仁义充塞，而至于率兽食人，人将相食，谓之亡天下……保国者，其君其臣“肉食者谋之”；保天下者，匹夫之贱与有责焉耳矣！（《日知录·正始》）

《日知录》是明末清初顾炎武的读书札记，凡三十二卷，按经义、吏治、财赋、史地、兵事、艺文等编次。顾炎武在《亭林文集》中自认“所著《日知录》三十余卷，平生之志与业皆在其中”。顾炎武认为，亡国与亡天下有所区别。改朝换代叫亡国，而伦理道德沦丧、正义消失、罪恶横行、民不聊生，则是亡天下。因此，保国是当政者的责任，而保天下则每个人都有责任和义务。顾炎武对国和天下进行了区分，非常有学术意义，他认识到国和天下在阶级社会对应不同的主体，朝代以及以某个朝代为标志的政权是属于统治阶级私人的，而生活于其中的天下，其文化、经济、伦理道德等是属于大众的。在阶级社会，国和天下不可能一致。但在消灭了阶级的社会，国和天下可以统一起来。因此，顾炎武这里所说的保天下而匹夫有责，在国家面临生死存亡的时候可以和“国家兴亡匹夫有责”具有同样的意义。

10. 出门一笑莫心哀，浩荡襟怀到处开。
时事难从无过立，达官非自有生来。
风涛回首空三岛，尘壤从头数九垓。
休信儿童轻薄语，嗤他赵老送灯台。

力微任重久神疲，再竭衰庸定不支。
苟利国家生死以，岂因祸福避趋之。
谪居正是君恩厚，养拙刚于戍卒宜。
戏与山妻谈故事，试吟断送老头皮。（《赴戍登程口占示家人》）（两首）

林则徐，鸦片战争时期的民族英雄，政治改革家。

在广州禁烟过程中曾派人搜集和翻译外文书报，了解西方社会，主持编译了《四洲志》和《华事夷言》，叙述各国历史、疆域、政治等；反对“罢各国通商”之说，主张区别对待外商，赞同正常贸易；提出仿制外洋船炮，“师敌长技以制敌”，开创了研究西方的风气，被后人称为近代中国“开眼看世界的第一人”。林则徐在禁烟的同时积极筹备海防，倡办义勇，多次击退英军挑衅。后遭投降派诬陷，被革职。林则徐不久被充军新疆伊犁，在新疆时兴办水利，垦辟屯田。该诗作于道光二十二年（1842）七月初六，此时林则徐从西安出发赴新疆伊犁戍边，反映了林则徐即使被投降派诬陷也坦坦荡荡的胸怀。

第六章

经世致用、应时治事的儒风主流

在中华民族文明的整体统一中，儒家文化无疑是最具主体地位的。在周代周公时期儒家的思想已出现，在春秋时期形成了以孔子为代表的儒家学派，自此以后成为我国传统文化的主流。儒家学说的主要内容和特点是“祖述尧舜，宪章文武”，崇礼乐，尚仁义，重“亲亲尊尊”，行“忠恕”“中庸”之道，主张德治、仁政，重视礼义教化，奉行德刑兼施。儒家文化倡导经世致用、应时治事，其学术宗旨是内圣而外王，即首先重视自身的修养，然后自觉担负国家民族责任而成就一番事业。春秋战国时期，儒家思想在政治上未占重要的地位。汉封建统一政权建立以后，儒家思想才逐渐得到了统治阶级的大力扶持，并成为在中国封建社会中占统治地位的意识形态。一方面儒家思想不仅为统治者提供了巩固封建等级和宗法制度的思想武器，而且在政治上为封建统治者提供了缓和阶级矛盾、维护其长远利益的策略。但另一方面儒家思想也是中华民族优秀思想文化的一部分，对整个中华民族的政治生活、精神生活等方面都产生了极为深远的影响。各朝各代都把儒家文化作为治理国家、教育后代、整顿风气的重要资源，使儒学源流非常有统序，各朝各代的统治者都非常重视对儒学人才的招揽，儒风始终占据中华文化发展的主流；另外，随着政权的更替和不同政权对儒家文化的倡导以及对科举的实行，儒家知识分子的群体不仅包括了汉族士人，还包括了少数民族士人，他们的活动踪迹从中原向长城内外和长江南北进一步扩展。

第一节　儒学源流，清晰有统

1．人心惟危，道心惟微，惟精惟一，允执厥中。（《尚书·大禹谟》）

这是舜托付天下与百姓给禹时的谆谆嘱咐，可见其意义重大。这十六个字也就是中国儒学著名的“十六字心传”。相传舜六十一岁践帝位，当他在位三十三年时，也就是九十多岁时，想要把帝位禅让给治水有功的禹。禹觉得自己的德行还不够，于是谦让。舜进而说：“你治水平土有功，是位贤人；你很勤勉，能节俭持家，又不自大，是位贤人。因为你不居功自傲，所以没有人与你争能；因为你不自夸，所以没有人敢与你争功。现在天命已经降落到你的身上，你终将要接受帝位。”接着，舜将十六字心传传授给禹："人心危险难测，道心幽微难明，只有精纯专一，恪守中道，才能治理好天下。"自此，十六字心传作为儒家的精髓绵延相传。

2. 圣人也者，道之管也。天下之道管是矣，百王之道一是矣。故《诗》《书》《礼》《乐》之归是矣。《诗》言是其志也，《书》言是其事也，《礼》言是其行也，《乐》言是其和也，《春秋》言是其微也。故《风》之所以为不逐者，取是以节之也，《小雅》之所以为小雅者，取是而文之也，《大雅》之所以为大雅者，取是而光之也，《颂》之所以为至者，取是而通之也。天下之道毕是矣。乡是者臧，倍是者亡；乡是如不臧，倍是如不亡者，自古及今，未尝有也。（《荀子·儒效》）

这是秦昭王与荀子谈论什么是圣人时的对话。荀子认为圣人之所以是圣人，在于他很"专一"。进而，荀子对"专一"作了解释。他认为，圣人是"道"的枢纽，天下所有的"道"都在圣人这里集中，历代圣王的"道"也都统一于此。所以，《诗》《书》《礼》《乐》所言之道也都归属到圣人这里。《诗》从心志的角度阐发道，《书》从政事的角度阐明道，《礼》从行为的角度践行道，《乐》从和谐的角度抒发道，《春秋》则是阐发道之微言大义。《诗》有《风》《雅》《颂》。《国风》之所以不陷于流荡，是因为以道节制的缘故；《小雅》之所以为小雅，是因为以道来纹饰的缘故；《大雅》之所以为大雅，是因为将道发扬光大的缘故；《颂》之所以是登峰造极的作品，是因为将道融会贯通的缘故。如果遵从道就会吉祥有好结果，如果背离道就会灭亡。借此，荀子劝谏秦昭王应当尊崇圣人和圣人之道。

3. 及为太子，砥砺自修，敦崇儒学，工谈论，善属文，曲事垂左右小臣，以求美誉。垂之朝士翕然称之，垂亦以为克保家业，甚贤之。（《晋书·慕容宝》）

慕容宝，十六国时期后燕成武帝慕容垂之子，后燕第二位皇帝。当他被立为太子后，开始崇尚儒学，得到当朝大臣们的称赞。慕容垂很欣赏他，认为他能够担当大任。事实上，在前燕的统治集团中，慕容廆、慕容皝、慕容儁等人也都崇尚儒学，不仅在制度上沿袭汉魏，还教授统治集团的子弟研习儒家典籍。这说明，儒学在前燕、后燕鲜卑族政权中普遍得到认可和重视。另据《晋书》记载，十六国时期北凉开国君主沮渠蒙逊也十分重视儒学。有一年春季天气炎热干旱，草木都干枯了。沮渠蒙逊开始自我反省：是刑政失之偏颇，造成了冤案？是赋役太过繁重，上天谴告？我很多方面都做得不够，有所欠缺，这都是我的罪。《尚书》有云："百姓有过，罪予一人。"沮渠蒙逊可以十分熟练地引用儒家典籍，说明他对儒学非常熟悉并有深深的认同感。

4. 尧以是传之舜，舜以是传之禹，禹以是传之汤，汤以是传之文、武、周公，文、武、周公传之孔子，孔子传之孟轲。轲之死，不得其传焉。（《韩昌黎文集校注·原道》）

隋唐时期，佛教盛行。唐朝自太宗始多位帝王都信奉佛教，给予佛教高度重视和大力支持。韩愈以复兴儒家道统为己任，力主排佛。元和十四年（819）唐宪宗准备迎佛骨入宫供养三天，韩愈极力反对，并作《谏迎佛骨表》，上奏宪宗，历数兴佛的种种危害，列举历代佞佛的帝王国运不兴的事例，宪宗大为恼怒，韩愈也因此差点丧命。《原道》是韩愈推崇儒学、攘斥佛老的代表作。此段文字即出自《原道》，阐明的是儒家之“道”与佛老之“道”的区别。韩愈指出，儒家之道是仁义之道，如果用道来自我修养，人就会顺利祥和；如果用道来对待他人，就会仁爱而公正；如果用道来修心，就会和谐平和；如果用道来治理天下国家，就不可能有任何不正当的。这个道经由尧、舜、禹、商汤、周文王、周武王、周公、孔子传至孟子，孟子死后就失传了。韩愈认为，当朝统治者应该继承和弘扬先王之道，以儒家思想治国，才是正道。

5. 予尝求古仁人之心，或异二者之为，何哉？不以物喜，不以己悲，居庙堂之高则忧其民，处江湖之远则忧其君。是进亦忧，退亦忧。然则何时而乐耶？其必

曰“先天下之忧而忧，后天下之乐而乐”乎！（《岳阳楼记》）

《岳阳楼记》写于庆历六年（1046）。范仲淹主持“庆历新政”以失败告终后，又因得罪了宰相吕夷简，被贬至河南邓州。在这里，他受滕子京所托，写下了《岳阳楼记》。在这段文字中，范仲淹对“仁人之心”作了阐发。他认为不能以悲喜论仁人之心，而应当以“忧乐”论仁人之心。仁人不因为获得物质利益而欢喜，不因为自己的不利遭遇而悲伤；在朝堂做官就忧虑老百姓过得好不好，在偏远的地方为官就想着为国君分忧。他是在朝堂做官也担忧，在偏远之地做官也担忧。那么什么时候快乐呢？仁人必说：“在天下之人忧愁之前先忧愁，在天下之人快乐之后才快乐。”也就是说，仁人心怀天下，以天下之忧乐为忧乐的标准，他心无所私，不崇尚物质利益，具有奉献精神和家国情怀。

6. 金初未有文字。世祖以来渐立条教。太祖既兴，得辽旧人用之，使介往复，其言已文。太宗继统，乃行选举之法，及伐宋，取汴经籍图，宋士多归之。熙宗款谒先圣，北面如弟子礼。世宗、章宗之世，儒风不变，库序日盛，士繇科第位至宰辅者接踵。当时儒者虽无专门名家之学，然而朝廷典策、邻国书命，粲然有可观者矣。金用武得国，无以异于辽，而一代制作能自树立唐、宋之间，有非辽世所及，以文而不以武也。《传》曰：

“言之不文，行之不远。”文治有补于人之家国，岂一日之效哉。（《金史·文艺上》）

此段文字是金朝统治者承袭儒学、沿用文治的记录。文中提及的“世祖”名叫完颜劾里钵，金熙宗天会十五年（1137）追谥圣肃皇帝，庙号世祖。据《金史》记载，金人最初没有文字。从世祖开始逐渐订立条规法令。太祖（完颜阿骨打）时期，使者往来所用语言已有文饰。太宗继位，开始推行选举制度，攻占北宋后，很多宋朝士人归附。熙宗拜谒先圣孔子，面朝北边行弟子礼，表达对先圣孔子的尊崇。金世宗，谥号光天兴运文德武功圣明仁孝皇帝，他在汉制的基础上发起了“女真文化复兴运动”，他为政以德，勤勉节俭，国库充盈，百姓富裕，所以也被称为“小尧舜”。章宗，谥号宪天光运仁文义武神圣英孝皇帝；宣宗，谥号继天兴统述道勤仁英武圣孝皇帝。从他们的谥号中可以感受到对儒学的重视，因此在他们当政期间，学校教育日渐兴盛，士人由科举及第而官拜宰相者众多。当时虽然没有多少有名的儒者，但是朝廷典策、与邻国来往的书信非常可观。正是因为金统治者善于学习并使用文治，所以能够成就唐宋气象。这是辽人所不能比及的。

7．孝友者人之至行也，而恒性存焉。有子者欲其孝，有弟者欲其友，岂非人之恒情乎。为子而孝，为弟而友，又岂非人之恒性乎。以人之恒情责人之恒性，而

不副所欲者恒有焉。有竭力于是，岂非难乎。天生五谷以养人，五谷之有恒性也。服田力穑以望有秋，农夫之有恒情也。五谷熟，人民育，岂异事乎。然以唐、虞之世，“黎民阻饥”不免以命稷，“百姓不亲、五品不逊”不免以命契，以是知顺成之不可必，犹孝友之不易得也。是故“有年”“大有年”以异书于圣人之经，孝友以至行传于历代之史，劭农、兴孝之教不废于历代之政，孝弟、力田自汉以来有其科。章宗尝言：“孝义之人，素行已备，虽有希觊犹不失为行善。”庶几帝王之善训矣。夫金世孝友见于旌表、载于史册者仅六人焉。作《孝友传》。（《金史·孝友传》）

金人虽为女真，但是十分重视和推崇儒家文化。此段文字记载的是《金史》为孝友者立传。其义为：事父母孝顺、对兄弟友爱是人类卓绝的品质，是人的固有的本性。有子嗣希望他们遵守孝道，有兄弟希望他们友爱，这都是人固有的情感。作为子女孝敬父母，作为兄弟相互友爱，又如何不是人固有的本性呢？以人固有的情感责求人固有的本性，不任自己的欲望而为的人总是有的。有的人竭力如此，难道不难吗？天地生育五谷以供养人，这是五谷固有的本性。在田里尽力劳作盼望秋天收获，这是农民固有的情感。五谷成熟，百姓得到养育，这不是奇怪的事。然而尧舜之世，百姓有饥荒，所以命后稷教民耕种；人们不守礼法，所以命令契为司徒。由此可知孝友之人不容易得，孝友之人因其卓绝的品质而载于史册。金代受旌表、载于史册的孝友之人只有六人，故为之作传。这段文字告诉我们：金代统治者重视孝友品德，对于孝友之人多次予以旌表，这是儒家文化和儒家治理理念的体现。

8. 道之显者谓之文，盖礼乐制度之谓。（《四书章句集注·论语·子罕》）

《论语·子罕》中有一段孔子在匡地遇险经历的记载。公元前496年，孔子从卫国去陈国，途经匡地时，由于其相貌与阳虎相像，被匡人误认为是阳虎，将其围困。孔子十分镇定地说："周文王去世了，礼乐文化不是还在我这里吗？如果老天要灭掉礼乐文化，我就不可能掌握这种文化了。如果老天不想灭掉这一礼乐文化，匡人又能把我怎样呢？"孔子的意思是，自己就是周文王礼乐文化的继承者。此段文字是朱熹对《论语·子罕》中"文王既没，文不在兹乎"的注释。他的意思是：所谓"文"就是礼乐制度；礼乐制度就是"道"的呈现。据此，宋代理学家思想体系中抽象的"道"就外显为具体的礼乐制度，它也是对儒家文脉的承续。

9. 世祖度量弘广，知人善任使，信用儒术，用能以夏变夷，立经陈纪，所以为一代之制者，规模宏远矣。（《元史·世祖本纪》）

此段文字是讲述元世祖忽必烈尊崇儒学，以之治国所带来的重要影响。文中说世祖皇帝度量广大，知人善任，尊崇并善用儒术，实现了以夏变夷，建立了条规法纪，其规模宏远。事实上，元朝建立之前，蒙古统治者十分轻视儒学。但是到了元世祖即位后，为了巩固在汉地的统治，对儒学的态度发生了转变，由轻视变为重视、扶持。忽必烈采取的措施主要有：设国子学，让贵族子弟学习儒家经典；征召儒士入朝做官；等等。

10. 洪惟圣元，度越千古，世祖皇帝以天纵之资，得帝王不传之学，上接伏羲、神农、黄帝、尧、舜、禹、汤、文、武以来数圣人之道统而为不世出之君。河内许先生以天挺之才，得圣贤不传之学，上接周公、孔子、曾、思、孟轲以来数君子之道统而为不世出之臣。君臣遇合之契，堂陛都俞之言，所以建皇极，立民命，继绝学，开太平者。（《四库全书·鲁斋遗书·神道碑》）

文中所述“世祖皇帝”指的是忽必烈。“帝王不传之学”“圣贤不传之学”“道统”都是指儒学。欧阳玄认为忽必烈、许衡天资聪颖，都是儒学道统传人，而忽必烈是世间难得的君主，许衡是世间难得的臣子。这样的君臣相遇，使元代得以建立大中至正之道，为百姓指明共同遵循的大道，传承儒学道统并将之发扬光大，从而开辟太平盛世。事实上，正是在忽必烈和许衡君臣的倡导和共同努力下，儒学道统在元代得到传承，众多元代理学家受到重视。所以有人这样评价：元代不仅实现了海内的统一，而且儒学发展，儒生众多，文章著作频出，这些都足以彰显元代统治者在治理国家、教化百姓方面是自西汉以来做得最好的。

第二节 先哲圣贤，备受尊崇

1．坚至自永昌，行饮至之礼，歌劳止之诗，以飨其群臣。赦慕容暐及其王公已下，皆徙于长安，封授有差。坚于是行礼于辟雍，祀先师孔子，其太子及公侯卿大夫士之元子，皆束脩释奠焉。（《晋书·苻坚上》）

据文献所述，369年，前燕慕容垂投奔苻坚，被苻坚收留。370年，苻坚灭燕。他率领大军从永昌班师凯旋后，到宗庙祭祀宴饮群臣，唱歌颂辛劳的诗歌。而且，他赦免了燕王慕容暐及其王公大臣，让他们移居长安，并赐予不同的名位以及土地财物。他还在辟雍行礼，祭祀先师孔子，并要求太子以及其他公侯卿大夫士的嫡长子也都拿着祭品行释奠礼。释奠礼是孔庙祭祀中的最高礼仪，也是祭祀先圣先师的大型礼仪。苻坚这样一位少数民族君王将孔子视为至圣先师，并隆重祭祀，说明他对于儒学的认同和重视。在苻坚与博士王寔的策问中，王寔这样评价苻坚：尊崇虞夏之道，开启学校教育的美名，弘扬儒学教化之风，声名流传千古，与之相比，汉武帝、光武帝都不足以称道。

2. 幼好学，师事上党崔游，习《毛诗》《京氏易》《马氏尚书》，尤好《春秋左氏传》《孙吴兵法》，略皆诵之，《史》《汉》诸子，无不综览。（《晋书·刘元海》）

刘渊，十六国时期汉国的建立者，匈奴人。文中提到刘渊好学，曾拜上党人崔游为师。崔游通晓儒学，为人恬静谦让，从小到大，未曾言及财物利益之事，他一直践行着儒家“义以为上”的价值取向。刘渊师从崔游，研习《毛诗》《京氏易》《马氏尚书》等儒学典籍，尤其喜好《春秋左氏传》《孙吴兵法》，大致都能背诵；《史记》《汉书》中所记载的各个学派代表人物的著作，也无不通览。可见，刘渊是在儒学的熏陶下成长起来的，他热爱儒学，喜读圣贤之书，尊重儒者，以儒者为师。

3. （肃宗）正光元年春正月乙酉，诏曰：“建国

纬民，立教为本；尊师崇道，兹典自昔。来岁仲阳，节和气润，释奠孔颜，乃其时也。有司可豫缮国学，图饰圣贤，置官简牲，择吉备礼。”（《魏书·肃宗纪》）

北魏孝明帝正光元年（520）春正月乙酉下诏：治国理民要以树立教化为本，尊师重道的典礼从前就有；第二年仲春二月以释奠礼祭祀孔子和颜回，正是恰逢其时。于是令有司做好相关准备工作。不仅如此，孝明帝还亲自到国子学讲授《孝经》，祭祀孔子，配祀颜回。北魏是南北朝时期北朝的第一个王朝，由鲜卑族拓跋氏建立，也称“拓跋魏”。据《魏书》记载，北魏历代皇帝都十分尊崇儒学、孔子。道武帝拓跋珪是北魏开国皇帝，他在平城（北魏都城，治今山西大同市东北）就开始推行祭拜孔子。天兴四年（401）春二月丁亥入学之时，命令乐师歌舞，向先圣先师行释菜礼——古代入学时祭祀先圣先师的一种典礼。太宗帝对儒生以礼相待，“帝礼爱儒生，好览史传。以刘向所撰《新序》《说苑》于经典正义多有所阙，乃撰《新集》三十篇，采诸经史，该洽古义，兼资文武焉”。孝文帝延兴三年（473）夏四月壬子“诏以孔子二十八世孙鲁郡孔乘为崇圣大夫，给十户以供洒扫”。

4. （天眷三年）十一月癸丑，以孔子四十九代孙璠袭封衍圣公。（《金史·熙宗本纪》）

金灭北宋后，曲阜地区被纳入金朝版图，金朝统治者开始推崇儒学，尊孔祭孔，《金史》中载有，“兴制度礼乐，立孔子庙于上京”。金熙宗对儒学很感兴趣，认为“孔子虽无位，其道可尊，万世高仰”。天会十三年（1135），金熙宗即位，他推行礼乐制度，在京城建立了孔子庙。1142年，拨款一万四千贯修缮孔庙圣殿；1144年，拨款一万四千五百贯修缮孔庙、建大成殿。此外，金熙宗还在1140年册封孔子第四十九代孙孔璠为衍圣公。孔璠因此成为金朝正式册封的第一位衍圣公。之后，金世宗时期也是大修孔庙，1163年到1189年间，各地修建、修缮孔庙十五座。1163年册封孔璠次子孔摠为衍圣公，授文林郎。金章宗于明昌元年（1190）三月下诏修缮曲阜孔庙。金朝统治者修建、修缮孔庙以及册封衍圣公的行为是对中华文脉承袭和延续的反映。

5. 时太祖问侍臣曰：“受命之君，当事天敬神。有大功德者，朕欲祀之，何先？”皆以佛对。太祖曰：“佛非中国教。”倍曰：“孔子大圣，万世所尊，宜先。”太祖大悦，即建孔子庙，诏皇太子春秋释奠。（《辽史·义宗倍传》）

此段文字讲述的是辽代的创立者辽太祖耶律阿保机与大臣们在选择治国之道时的对话。辽太祖耶律阿保机曾经问大臣：“君主受天命而有天下，理当敬畏、事奉天和神。我想祭祀有伟大功德的人，应当先祭祀谁呢?”臣下都说应当礼佛。而耶律阿保机却说“佛非中国教”(这里的“中国”指代中原正统王朝)。此时,太祖的长子耶律倍回答道:“孔子是大圣人,被天下人万世景仰,应当先祭祀孔子。”太祖听到这个回答后非常高兴,命人“即建孔子庙,诏皇太子春秋释奠”,于是修建孔子庙,诏令皇太子每年春季、秋季各行释奠礼祭祀孔子。

6. (元太宗五年)六月……诏以孔子五十一世孙元措袭封衍圣公……十二月……敕修孔子庙及浑天仪……(七年)复修孔子庙及司天台。(《元史·太宗本纪》)

元太宗五年(1233)六月下诏册封孔子第五十一世孙为衍圣公,十二月敕令修建孔子庙;七年(1235)重修孔子庙。《大德十一年加封孔子制诏碑》记载:“盖闻先孔子而圣者,非孔子无以明。后孔子而圣者,非孔子无以法。所谓祖述尧舜,宪章文武,仪范百王,师表万世者也。朕纂承丕绪,敬仰休风。循治古之良规,举追封之盛典,加号为大成至圣文宣王。”元成宗大德十一年(1307)七月加封孔子为“大成至圣文宣王”,以为孔子之前的圣人如果不是因为孔子就无法显明,孔子之后的圣人如果不是因为孔子就没有法则依归;所以孔子是万世师表。《元统二年加封颜子父母制词碑》记载:“朕惟孔子之道大矣。学之以复诸圣,传之而得其宗者，其惟颜子乎。”元统二年（1334）顺帝还加封了孔子得意门生颜回的父母，认为颜回是得孔子真传者。

7. 朕惟道原于天，弘之者圣。自庖牺氏观图画象，阐乾坤之秘，尧舜理析危微，厥中允执，禹亲受其传，汤与文武周公，递承其统，靡不奉若天道，建极绥猷，敻乎尚矣。孔子生周之季，韦布以老，非若伏羲尧舜之圣焉而帝，禹汤文武之圣焉而王，周公之圣焉而相也，肖然以师道作则，与及门贤哲，绍明绝业，教思所及，陶成万世，是伏羲尧舜禹汤文武周公之统，惟孔子继续而光大之矣……。朕忝作君，启牖下民。深惟夫子，师道所建，百王治理备焉。舍是而图郅隆，曷所依据哉？因勒文于石，彰朕尊崇圣教。以承天治民之意。（《康熙二十五年阙里至圣先师孔子庙碑》）

这是清康熙二十五年（1686）谒孔之事的碑刻，其记载了康熙到孔庙祭拜孔子和重修孔庙的事情。康熙二十三年（1684）十一月，他亲临曲阜孔庙，举行了拜谒孔子祀典，宣读了御制祝文，并赐手书“万世师表”四字匾。在这一过程中，康熙表达了对孔子的高度称颂和尊崇：孔子生活于东周时期，到老依然是韦带布衣的寒素之士。他不像伏羲尧舜因为圣贤而居帝位，不像禹汤文武因为圣贤而为君王，不像周公因为圣贤而官拜宰相，而是以老师之职，培育圣贤之人，弘扬教化，陶冶成就万世之人，可以说孔子将伏羲尧舜、禹汤文武、周公的纲纪准则继承并发扬光大了。康熙的这一行为，体现了儒家道统和政统的一体化。

第三节 儒学人才，代受青睐

1. 秦昭王问孙卿子曰：“儒无益于人之国。”孙卿子曰：“儒者法先王，隆礼义，谨乎臣子而致贵其上者也。人主用之，则势在本朝而宜；不用，则退编百姓而悫；必为顺下矣。虽穷困冻馁，必不以邪道为贪。无置锥之地，而明于持社稷之大义。呜呼而莫之能应，然而通乎财万物，养百姓之经纪。势在人上，则王公之材也；在人下，则社稷之臣，国君之宝也；虽隐于穷阎漏屋，人莫不贵之，道诚存也。”（《荀子·儒效》）

此段文字记载的是秦昭王与荀子的一段对话。秦昭王认为儒者对于治理国家没有什么好处。荀子则指出：儒者尊崇礼义，能够谨慎地做臣子。得到君主任用，就坚持在朝堂做称职的臣子；得不到任用，就退而为敦厚忠诚的百姓；他一定是顺从的在下者。即使贫穷受冻挨饿，他也不会走歪门邪道满足贪欲。即使没有立足之地，他也会明晓并持守国家大义。他们的呼声没有人响应，但是他们通晓裁制万物，教育百姓懂得准则纲纪。这样的人在上有王公之才，在下可为国之臣子、君主的宝贝；即使隐居于穷巷陋屋，也没有人不尊重他们，因为他们始终保有并践行着天道。当然，荀子身处战国时期，诸子百家争芳斗艳，荀子此时也是在向秦昭王游说治国之术，阐明任用儒学人才治理国家社稷的作用。

2.《春秋》大一统者，天地之常经，古今之通谊也。今师异道，人异论，百家殊方，指意不同，是以上亡以持一统；法制数变，下不知所守。臣愚以为诸不在六艺之科、孔子之术者，皆绝其道，勿使并进。邪辟之说灭息，然后统纪可一，而法度可明，民知所从矣。（《汉书·董仲舒传》）

汉武帝时期，为巩固和加强中央集权统治，亟须统一思想。儒学大师董仲舒提出了“罢黜百家，表彰六经”的建议。他认为，《春秋》推崇的大一统是天地永恒的法则，是古今共通的道理。如果人们思想混乱，没有统一的法则，那么君主就不能掌握统一的标准；法律制度不断变化，老百姓就不知如何行为。那么，思想、制度如何统一呢？董仲舒认为应以儒学为标准。凡是不习儒术的人，都不任用。如果这样的话，法则、制度都可以统一了，百姓也能够行有所从了。当时的丞相卫绾也曾奏请汉武帝罢去信奉法家之言的“贤良”，得到采纳。汉武帝统治期间，在太学设五经博士，以儒学教育皇家和贵族子弟，培养精通儒学的统治人才；公元前135年，他任用崇尚儒学的田蚡为宰相，聘用的儒者有百余位。自此，儒者开始广受重视。

3. 时二京倾覆，幽、冀沦陷，廆刑政修明，虚怀引纳，流亡士庶多襁负归之……于是推举贤才，委以庶政，以河东裴嶷、代郡鲁昌、北平阳耽为谋主，北海逢羡、广平游邃、北平西方虔、渤海封抽、西河宋奭、河东裴开为股肱，渤海封弈、平原宋该、安定皇甫岌、兰陵缪恺以文章才俊任居枢要，会稽朱左车、太山胡毋翼、鲁国孔纂以旧德清重引为宾友，平原刘赞儒学该通，引为东庠祭酒，其世子皝率国胄束脩受业焉。廆览政之暇，亲临听之，于是路有颂声，礼让兴矣。（《晋书·慕容廆》）

慕容廆是前燕建立者慕容皝的父亲。其所处的时代为晋代末期。当时社会动荡，慕容廆在创建前燕政权的过程中十分重视招徕各方儒学人才，以为日后治理国家所需。此段文字记载的就是在长安和洛阳、幽州和冀州都被攻陷之后，慕容廆不仅自己以儒学治政，而且广为吸纳儒学人才。其中所述人物众多，主要如：裴嶷、阳耽都曾是晋朝官员，慕容廆任用他们当谋士。任用逢羡、游邃、西方虔、封抽、宋奭、裴开等人为辅佐之臣。封弈、宋该、皇甫岌、缪恺等人因为文章出众而任职于核心部门。朱左车、胡毋翼、孔纂等人因为之前的德行清高庄重而被招致为宾客朋友。刘赞博通儒学，被招致为太学祭酒，慕容廆的儿子慕容皝在那里学习，接受教育。慕容廆一有空也前去听讲，这样一来，人们都跟着诵读儒学经典，讲求礼让。从这段文字中可见，慕容廆知人善任，能够根据人的才干将其放在合适的位置。他的这一做法使得儒学之风盛行。

4. 顾谓其尚书鲁邃曰："齐、鲁固多君子，当昔全盛之时，接、慎、巴生、淳于、邹、田之徒，荫修檐，临清沼，驰朱轮，佩长剑，恣非马之雄辞，奋谈天之逸辩，指麾则红紫成章，俯仰则丘陵生韵，至于今日，荒草颓坟，气消烟灭，永言千载，能不依然！"邃答曰："武王封比干之墓，汉祖祭信陵之坟，皆留心贤哲，每怀往事。"（《晋书·慕容德》）

慕容德，十六国时期南燕的开国皇帝，慕容皝的儿子，慕容廆的孙子。他同样尊崇儒家贤哲。此处记载的是慕容德在即位后的建平二年（401）到了古齐国。慕容德问尚书郎鲁邃："齐鲁之地多君子，以前兴盛的时候，公孙接、慎到、巴生、淳于髡、邹忌、田横等人，可以在树荫遮蔽的房檐之下，清澈的池沼旁边，坐着豪华的马车，身佩长剑，尽情地进行诸如‘白马非马’之类的辩论，奋力进行有关天道的雄辩。可以说也是出口成章了。然而现在他们的坟前已是荒草，烟消云散了。吟咏千年，不是也会如此吗？”鲁邃回答道：“周武王为比干堆土筑坟，汉高祖到信陵君坟前祭祀，都是关注贤哲之人的表现。”可见，慕容德重视儒生，喜欢与儒生讨论，这也印证了文中所提及的他对齐国稷下学宫中群雄争辩的气氛的喜爱。而鲁邃的回答也说明了儒学之道得以代代相传、绵延千年不绝的道理在于帝王的重视。

5. 《诗》不云乎，“鹤鸣九皋，声闻于天”，庶得其人，任之政事，共臻邕熙之美。《易》曰：“我有好爵，吾与尔縻之。”（《魏书·世祖纪》）

北魏世祖太武帝拓跋焘是南北朝时期北魏王朝第三位皇帝。他在位期间尊孔修文，提倡儒学，主张通过加强礼乐教化来巩固统治，同时大量吸收儒者来治国安邦。此段文字就是太武帝于神䴥四年（431）为招揽人才而下的诏书中引用《诗经》《易经》来论证儒者作用的记载。文中的“鹤”指代圣人、儒者，仙鹤在沼泽中鸣叫，声音可以传至天上，意在指出圣人的教化绵延广大。因此，太武帝希望广为吸纳儒者来共同治理国家，从而达致太平盛世的美好。“我有好爵，吾与尔縻之”的意思是：我有好酒，我和你们一起享用。表达的也是想要有才德的儒者能够与自己共同治理国家的强烈愿望。

6. 蒙逊下令曰“养老乞言，晋文纳舆人之诵，所以能招礼英奇，致时邕之美。况孤寡德，智不经远，而可不思闻谠言以自镜哉！内外群僚，其各搜扬贤隽，广进刍荛，以匡孤不逮”。（《晋书·沮渠蒙逊》）

沮渠蒙逊，匈奴族，十六国时期北凉的创建者。在位期间，尊崇儒学，遣使至宋求取《周易》、《搜神记》及子、集诸书。他笃信佛教、厚待天竺（古印度）僧人，命译佛经《初分》《中分》《后分》三十卷，佛寺、佛塔及僧徒众多。他不仅崇尚儒学，而且还通过各种渠道广为招徕儒者。文献所引就是沮渠蒙逊曾经广纳贤才的诏令。其内容是：君王因为向德高望重的老者请教，采纳众人的议论，所以能够延请和礼遇有突出才德的人，从而创建太平之世（时邕，也称时雍，即太平盛世）。何况我缺少德行，又缺乏长远谋划，怎能不听直言以明察自己的缺点呢！各位官员要访求举拔才德出众的人，广为进谏百姓的议论（《诗·板》有“先民有言，询于刍荛”），以便纠正我的不足和过错。

7. 儒学之道，训教生人，识父子君臣之义，知尊卑长幼之序，升之于朝，任之以职，故能赞理时务，弘益风范。朕抚临天下，思弘德教，延集学徒，崇建庠序，开进仕之路，伫贤隽之人。（《隋书·高祖纪下》）

此为隋文帝仁寿元年（601）六月的诏书选段。隋文帝杨坚是隋朝的开国皇帝。他结束了中国上百年的分裂局面，实现了天下统一。在国家治理方面，隋文帝重视儒学的作用，他认为：儒学的目的在于使人一出生就接受教化，认识父子、君臣相处的道理，知晓长幼尊卑的礼仪；在朝堂做官，担任一定的职务，就能够协助处理各种事务，弘扬和加强教化。所以他说："我拥有天下，想要弘扬德教，邀请、聚集有学识的弟子，推崇创建学校，广为开辟入仕的道路，储备有才德之人。"《隋书·儒林列传》中这样称赞他：高祖皇帝礼贤下士，为之提供好的职位，于是天下有才德之人都聚集于此。"中州儒雅之盛，自汉、魏以来，一时而已。"

8. 翰林侍讲学士党怀英举孔子四十八代孙端甫，年德俱高，该通古学。济南府举魏汝翼有文章德谊，苦学三十余年，已四举终场。蔚州举刘震亨学行俱优，尝充举首。益都府举王枢博学善书，事亲至孝。（《金史·章宗本纪一》）

此文是金章宗时期尚书省的奏章选段，其中提到孔子第四十八代孙孔端甫德高望重、精通儒学，翰林侍讲学士党怀英荐举他穿礼服、戴礼帽。魏汝翼有文才有德行，刻苦读书三十多年，已经四次科举考试到最后一场，被济南府举荐。刘震亨才学品行俱佳，曾经是科举考试第一名，被蔚州举荐。王枢博学善于著述，对父母很孝顺，被益都府举荐。从以上材料可见，金代统治者对于儒学人才求贤若渴，有各地举才的制度，发现人才给以重用。

9. 昔我国家出征，所获城邑，即委而去之，未尝置兵戍守，以此连年征伐不息。夫争国家者，取其土地人民而已，虽得其地而无民，其谁与居？今欲保守新附城壁，使百姓安业力农，蒙古人未之知也。尔熟知其事，宜加勉旃。湖南州郡皆汝旧部曲，未归附者何以招怀，生民何以安业，听汝为之。（《元史·世祖本纪五》）

元朝统一后，天下太平，对儒家治理文化尤其重视。元朝统治者也认识到，自己作为草原民族，治理广大的国土和人民不能靠草原模式。于是，元太宗九年（1237）秋八月，下令让朮虎乃、刘中考察测试诸多儒者，中选的人中除了本籍蒙古族的议事官之外，共得四千零三十人。元世祖中统元年（1260）四月，发布即位诏书，意思是：五十多年来我们都是尚武轻文。先皇也想大有作为，胸怀忧国爱民之心，但是缺少贤能之人。至元十二年（1275）五月，世祖诏谕参知政事高达：元军善于攻城掠地，却不知如何守城，使百姓安居乐业。你对此很熟悉。现在湖南州郡都是你的旧部，如何使他们归附，使百姓安居，我想听听你的主意。由以上文字可见，元在正式建国之前，统治集团就开始认识到文治以及人才的重要性。他们不仅广为吸纳汉族儒者，而且通过研习儒学产生了许多蒙古族儒者。诗人戴良也盛赞元朝网罗天下之士，称之可谓是“盛典”。清代顾嗣立曾这样评价："有元之兴，西北子弟，尽为横经。涵养既深，异才并出……各逞才华，标奇竞秀，亦可谓极一时之盛者欤！"

10．选举之法，大略有四：曰学校，曰科目，曰荐举，曰铨选。学校以教育之，科目以登进之，荐举以旁招之，铨选以布列之，天下人才尽于是矣。明制，科目为盛，卿相皆由此出，学校则储才以应科目者也。其径由学校通籍者，亦科目之亚也，外此则杂流矣。然进士、举贡、杂流三途并用，虽有畸重，无偏废也。荐举盛于国初，后因专用科目而罢。铨选则入官之始，舍此蔑由焉。（《明史·选举志一》）

1368年，朱元璋在应天称帝，定都南京，建立明朝。为巩固政权，明王朝在政治上建立完备的官僚机构，在思想上尊孔崇儒、推崇程朱，加强思想控制；在教育上重视文教，采取措施培养人才，国子监和地方儒学相继建立。人才选拔体制在明朝进一步完备，分别有学校教育培养人才、科举制度选拔人才、同行或上下级推荐人才、考核铨选人才等。值得一提的是铨选制度，这种制度具有综合选才的优势。铨选是一种选拔官员的机制，涉及官员的任免、升降和调动。在唐宋至清朝时期，这一制度主要由吏部和兵部负责，分别对应文官和武官的选拔；唐宋至清的铨选制度经历了多次变革。最初，五品以上的官员由皇帝直接任命，而六品以下的官员则通过吏部或其他部门进行选拔。随着时间的推移，除了高级职位外，其他官员通常需要通过科举考试、捐纳或原官起复等方式，到吏部等待铨选。到了明清时期，铨选还涉及外补与部选两条途径，铨选的核心在于考核和选拔官员的才能、资历，确保他们能够担任适当的官职。这种制度强调的是公平竞争和个人能力的重要性，而不是单纯的资历或身份。

11．古者取士之法，莫备于成周，而得人之盛，亦以成周为最。自唐以后，废选举之制，改用科目，历代相沿。而明则专取《四子书》及《易》《书》《诗》《春秋》《礼记》五经命题试士，谓之制义。有清一沿明制二百余年，虽有以他途进者，终不得与科第出身者相比。康、乾两朝，特开制科。博学鸿词号称得人。然所试者亦仅诗、赋、策论而已。洎乎末造，世变日亟。论者谓科目人才不足应时务，毅然罢科举，兴学校。探东、西各国教育之新制，变唐、宋以来选举之成规。前后学制，判然两事焉。（《清史稿·选举志一》）

清代继承了明代的制义、科举取士制度，对儒学人才的选拔和使用一如既往。但是，这种制度自隋唐以来，已经僵化，对人才的选拔有很多弊端。如《清实录》载世祖顺治帝就对制义中出现的文章缺陷提出了批评："勿用四六，不限长短。毋得预诵套词，拘泥旧式，重负朕意。朕寤寐真才，不啻饥渴。多士宜深体恪遵，明切敷对，朕将亲览焉。”“四六”是文体名，骈文的一种文体。它以四字、六字为对偶，形成了一种固定的格式。此段文字中，顺治帝训诫大臣，让他们不要用四六体，不要拘泥于格式，语句长短不限，只要能够清楚明白地陈奏廷对就可以。之后他在策试贡士时，又训诫道：“一定要写切要精妙之言和可行之策，不要使用四六体。”可见，顺治帝并不喜欢拘泥于形式的华美，而是更喜欢真才实学。正如他自己所说：“终日渴望有真才学之人。”为改变这种状况，康熙乾隆时期，特别开创了制科，但所试内容也仅限于诗词歌赋、政策论文。到了清代末期，世界局势和国内形势变化太快，以原有制度选拔出的儒家人才已经无法适应时代的需要，有志之士开始反对科举制度，主张以新的学校教育，结合国外新的教育理念来培养人才。

第七章

生生不息、以文化人的哲学理念

中华文明的传承发展及其统一，贯彻其中的是一条红线，这条线索即作为中华文化基础的哲学理念。这些哲学理念共同构成了一套哲学体系。首先是道。道本指人行走的道路、坦途，后引申为道理、准则，在哲学上则用来说明世界的本原、本体、规律或原理。作为对整个客观实在的说明，道既指自然天行，也指社会人生，故有天道、人道之分。天道观认为自然界的一切客观存在和人类社会的应然价值都来自天，因此天在一般意义上也可以指天道或者道；但有时候，天道也可以表述为天理。人道认为，人类社会的运作符合道的原则，这里的道一方面指规律，一方面指人类社会应该达到的理想状态，所以孔子在表达自己对社会的评价时会说“天下有道”或“天下无道”。因此，“道”不仅代表了一种理想，道能不能彰显，还代表了天下能否统一的状态，天下有道则社会稳定、国家统一，天下无道则社会动乱、国家分裂。其次是天。这里的天在古代哲学观念中可以指神秘的“上天”（帝的代名词），也可以指天意、天理。因此，圣人的出现或者圣王的统治是人类社会对天意的应和，也代表了国家将走向统一和稳定。再次是生。这里的生是“生生不息”的生，《易经》说“天地之大德曰生”，在天地之间，包括人在内的万物，共同构成一个命运共同体，因此北宋的张载有“民胞物与”的观点。这种思想暗含了天地一体、天人一体、自然和社会一体的思想。这种气象在哲学上看，就是一种统一的气象。

第一节　变易有宗，道通为一

1．天下非一人之天下，乃天下之天下也。同天下之利者，则得天下；擅天下之利者，则失天下。天有时，地有财，能与人共之者仁也。仁之所在，天下归之。免人之死，解人之难，救人之患，济人之急者，德也。德之所在，天下归之。与人同忧同乐，同好同恶者，义也。义之所在，天下赴之。凡人恶死而乐生，好德而归利，能生利者，道也。道之所在，天下归之。（《六韬·文师》）

姜太公，姓姜，名尚，字子牙，商末周初人。《六韬》据说是姜太公所作，以姜太公与周文王、周武王对话的方式编纂而成。此段文字出自《六韬》中的《文韬》卷，《文韬》是《六韬》的首篇，它记载的是周文王打猎时偶遇姜太公并立之为师的故事。谈话间，周文王向姜太公请教得天下人之心的办法，姜太公就说了这段话，大意是：天下不是君主一个人的天下，而是天下人共同的天下。能够与天下人共享利益的，就能得天下；如果独自占有利益，就会失掉天下。天有时节变化，地有丰富资源，能够与天下人共同拥有就是仁。能够做到仁，天下人都会归附。使他人免于死亡，解决他人的困难，救他人于祸患，救济他人于危急，就是有德。人如果有德，天下之人都会归附。与天下之人同忧乐、同好恶，就是义。人如果有义，天下之人就会归附。人们都厌恶死亡而乐于生存，喜好德行而追求利益。能够为人谋求利益，就是道。如能从道而行，天下人就会归附。姜太公所提及的仁、德、义都可以归之于道。

2. 文王在上，於昭于天。周虽旧邦，其命维新。有周不显，帝命不时。文王陟降，在帝左右……无念尔祖，聿修厥德。永言配命，自求多福。殷之未丧师，克配上帝。宜鉴于殷，骏命不易！命之不易，无遏尔躬。宣昭义问，有虞殷自天。上天之载，无声无臭。仪刑文王，万邦作孚。（《诗经·文王之什》）

《诗经·文王之什》是记载与歌颂文王事迹的诗。“什”即诗篇，通常十篇为一卷。《文王之什》是其中的第一篇。这一篇通过追述文王的事迹来告诫成王。前半段的意思是：文王虽然去世了，但是他的神灵依然昭彰于天。周虽然是历史久远的小邦，但是他承受的天命是新的。周的前途远大，因为他承载着天帝的美好意旨。文王的神灵升降，伴在天帝左右。这几句诗表达的是文王受命于天。《文王之什·大明》篇中有："有命自天，命此文王。"但是正如周公的反思：以前天命于殷商，为何现在天命于周？答案是：天辅佐有德之君。在此诗的后半段，也强调了这层意思：一定要牢记先王之德，勤于修德。配享天命，还要靠自己。殷商没有失去人心时，尚能应天命而有天下。要借鉴殷商兴亡的教训，国运才能永远昌盛。若要国运永远昌盛，不要停止躬身践德。天命恒常，关键在于人要修德，"以德配天"。

3. **天佑下民，作之君，作之师，惟其克相上帝，宠绥四方。有罪无罪，予曷敢有越厥志？同力，度德；同德，度义。受有臣亿万，惟亿万心；予有臣三千，惟一心。商罪贯盈，天命诛之。予弗顺天，厥罪惟钧。予小子夙夜祗惧，受命文考，类于上帝，宜于冢土，以尔有众，底天之罚。天矜于民，民之所欲，天必从之。尔尚弼予一人，永清四海，时哉弗可失！**（《尚书·泰誓上》）

《泰誓》是武王伐殷、率领大军在孟津渡口过河时所作。文中体现的是武王宣称自己征讨商纣王是替天行道。其大意是：君主、老师都是秉承天意来保佑百姓的。一个人有没有罪，岂是我敢逾越天意来决定的？两军对阵，如果势均力敌，那么就看谁有德行；如果德行相当，那么就看谁出兵符合道义。商纣王有亿万之臣，亿万之臣有亿万之心；我有三千臣子，三千臣子同心同力。商纣王恶贯满盈，是上天要诛灭它。如果我不顺承天命，罪行也会是一样的。所以，我如临深渊，如履薄冰，小心谨慎，顺承天命。上天总是满足百姓的需要。你们尊崇辅佐我，使天下清明，真是恰逢其时呀！周武王在《泰誓上》中所言表达了天下之大、四海之内，"予一人"秉承着承天、继祖、救民的重要使命；同时由于"予一人"得民心，所以讨伐纣王必定胜利。

4. 夫大人者，与天地合其德，与日月合其明，与四时合其序，与鬼神合其吉凶，先天而天弗违，后天而奉天时。（《周易·乾》）

此段文字表达了天地人一体、天人合德的思想。首先，天道是人道的依据和来源，所以人应当观察天道的运行规律，以认知时节的变化，考察人类社会的伦理法则，以教化天下百姓。其次，大人、圣人可以体察天道。比如包牺氏可以仰观天象，俯察地理，从自己的身体以及周边事物的变化中取象，进行情势效果的预测，这就是八卦的由来。所以，圣人作《易》，就是为了顺应天地万物固有的道理和规律。这个道理和规律在天为阴与阳，在地为柔与刚，在人为仁与义。再次，圣人可以做到天人合德，顺天以治民。圣人以神明之理教育百姓，天下人顺服。

5. 有物混成，先天地生。寂兮寥兮，独立不改，周行而不殆，可以为天下母。吾不知其名，字之曰道，强为之名曰大。大曰逝，逝曰远，远曰反。故道大，天大，地大，王亦大。域中有四大，而王居其一焉。人法地，地法天，天法道，道法自然。（《道德经》）

老子认为天地之大本大源是“道”。它先于天地万物而存在，静寂、空虚，不依赖于任何外在力量而独立存在，循环往复而不停歇，由此生育万物，为“天下母”。这个“道”也叫作“大”。事物发展到一定程度就会消逝，消逝就会远去，远去后又会返回，这是事物运动发展的一般规律。在宇宙中有四“大”，即道、天、地、王。四者相互关联，是不同层次的存在。其内在联系是：人（王）效法地，地效法天，天效法道，道效法自然。因此，道、天、地、王——自然以及人类社会——归根结底都应以顺应自然为最高法则。“王”作为贯穿天地人的人间最高代表，他不仅能够体认天道，而且在治理天下时应当遵循天道，自然而然，不以“人为”破坏自然规律。

6. 夫道未始有封，言未始有常，为是而有畛也。请言其畛：有左，有右，有伦，有义，有分，有辩，有

竞，有争，此之谓八德。六合之外，圣人存而不论；六合之内，圣人论而不议。《春秋》经世，先王之志，圣人议而不辩。故分也者，有不分也；辩也者，有不辩也。曰：何也？圣人怀之，众人辩之，以相示也。故曰：辩也者，有不见也。（《庄子·齐物论》）

庄子也以“道”为世界本原。他认为道是一个整体，不能将之肢解开来进行认识，只能作为一个整体去进行体认。庄子认为，道未曾有边界，言论也未曾有定论。但是如果人们分而论之，就会有边界，就会出现左、右、人伦、道义、辨别、争论、争辩、辩诘。由此人们争论不休，也没有办法达成共识。但是这种认识方法是错误的，通过它根本无法真正认识道。圣人就不一样。对于天地之外的事物，圣人知道其存在但不说它；对于天地之内的事物，圣人论及它但不议论它。因为当你有所辨别、有所争论，也就会失去对道的其他部分的认识。这就叫作“辩也者，有不见也”。所以，圣人心中怀有道之全体，这就是圣人与一般人的区别。

7．可以夺之者可以有国，而不可以有天下；窃可以得国，而不可以得天下。是何也？曰：国，小具也，可以小人有也，可以小道得也，可以小力持也；天下者，大具也，不可以小人有也，不可以小道得也，不可以小力持也。国者，小人可以有之，然而未必不亡也；天下者，至大也，非圣人莫至能有也。（《荀子·正论》）

在这段文字中，荀子将“国”与“天下”作了区别。“国”主要指政权国家，“天下”则包括民心。荀子认为“国”可以通过篡夺、窃取而获得，这在春秋战国时期时常发生；但是，“天下”不可以通过篡夺和窃取获得。国是小的器物，可以由小人拥有，可以通过不正当的方式获得，可以无需太大的能力来保有。“天下”就不同了，它是大的器物，不可以由小人拥有，不可以通过不正当的方式获得，能力小也无法治理和保有天下。小人可以获得国家政权，成为君主，但是不一定不会灭亡；天下是非常大的事物，只有圣人才能够把握。

8．霸王之形：象天则地，化人易代，创制天下，等列诸侯，宾属四海，时匡天下；大国小之，曲国正之，强国弱之，重国轻之；乱国并之，暴王残之：僇其罪，卑其列，维其民，然后王之。夫丰国之谓霸，兼正之国之谓王。夫王者有所独明。德共者不取也，道同者不王也。夫争天下者，以威易危暴，王之常也。君人者有道，霸王者有时。国修而邻国无道，霸王之资也。夫国之存也，邻国有焉；国之亡也，邻国有焉。邻国有事，邻国得焉；邻国有事，邻国亡焉。天下有事，则圣王利也。国危，则圣人知矣。夫先王所以王者，资邻国之举不当也。举而不当，此邻敌之所以得意也。（《管子·霸言》）

管子，即管仲，也被称为管夷吾，春秋时期法家著名代表。在这段文字中，管子阐述了如何成就霸王之业。

所谓“霸”是自己富强；所谓“王”是使所有诸侯国都得到整治。管子首先指出成就霸王之业要则天法地，要教化百姓。这样才是符合道义的，才可以兼并乱国，消灭暴君，保护百姓。争夺天下之时，历来是用威力替代危险暴虐，这是王者常做的事情。成就霸王之业不仅需要遵行道义，而且要把握合适的时机。国政修明而邻国无道，这是成就霸王之业的有利条件。正因为国与国之间利益相关，所以如果天下有事，这对于圣王是有利的。国家危亡，圣人可以预先知晓。以前的圣王之所以成就霸王之业，就是因为其邻国举措不当。举措不当，所以他的邻国敌人得意。显然，管子认为则天法地、教化百姓、遵行道义、时机合适，都是成就霸王之业的重要条件。

9. 是故古之知者之为天下度也，必顺虑其义，而后为之行。是以动则不疑，速通成得其所欲，而顺天、鬼、百姓之利，则知者之道也。是故古之仁人有天下者，必反大国之说，一天下之和，总四海之内，焉率天下之百姓，以农臣事上帝、山川、鬼神。利人多，功故又大，是以天赏之，鬼富之，人誉之，使贵为天子，富有天下，名参乎天地，至今不废。此则知者之道也，先王之所以有天下者也。（《墨子·非攻》）

墨子认为，当时人们都以圣王的法为“道义”的体现。各个诸侯国都尽力攻打和兼并他国，只是都打着道义之名，却不能考察其实。这就好比盲人，他与正常人一样都知道白和黑的名称，却不能分辨白色和黑色的物体，这就是他们之间的区别。进而，墨子解释什么是智者，什么是仁者。智者心中有天下，他为天下谋划，然后毫不迟疑地去做合乎道义的事情，不仅完成了自己的愿望，而且合乎天、鬼、百姓的利益，这就是智者所遵从的道。仁者享有天下，一定反对攻伐，他希望天下之人和谐相处，率领天下百姓辛勤耕作，敬奉上帝、山川、鬼神。带给百姓的利益多，功劳又大，所以天赏赐他，鬼使他富有，百姓称赞他，使他贵为天子，富有天下。依墨子所见，圣人一定能够体察天命和鬼神之意，尽力促进百姓利益，这样的圣人仁者将拥有天下。

10. 唯天下至诚，为能经纶天下之大经，立天下之大本，知天地之化育。（《礼记·中庸》）

此段文字的意思是：只有天下至诚之人，才能统筹治理天下的准则典范，树立天下的根本法则，知晓天地化育万物的道理。《中庸》以为："诚"是天道，"诚之"是人道。有的人本身具有"诚"的本性，与天道合一，故为圣人。圣人由于与天道合一，所以他自然可以明了天道，这就是《中庸》所说的"自诚明"。但是普通人并不天然地与天道合一，所以他们只能不断地通过修养功夫而明了天道，并趋近于诚。也就是说，人应当尽力体认天道，实现以人合天，从而达致至善。这个过程就是《中庸》所说的“自明诚”。显然，文中所说的不是普通人，而是实现了与天道合一并达到了“至诚”境界的圣人。正因为圣人与天道合一，于是成为上通下达的关键，即上能通达天意，下能贯彻到治理天下。

11．王者执一，而为万物正。军必有将，所以一之也；国必有君，所以一之也；天下必有天子，所以一之也；天子必执一，所以抟之也。一则治，两则乱。（《吕氏春秋·执一》）

这是关于君王治国之方的论述。“一”就是“统一”，“两”是指分裂；实现统一是君王治理国家的根本。文中的意思是：君王一定要把握住这一根本，才能主宰万物。这就好比，军队一定有统帅，来统一号令；国家一定有君主，来统一掌管；天下一定有天子，来统一治理。如果军队、国家、天下没有这个“一”，军令、政令出自多处，就没有办法得到治理。所以天子一定要掌握“统一”的道理，使权力聚集、集中，天下政令都自天子出。如果做到了执一，天下就会长治久安；如果不执一，天下就会大乱。这个执一并不是仅指技术方面，而且意味着要遵循作为“一”的“道”，王者行事应体现道的要求。

12．惟圣人能属万物于一，而系之元也，终不及本

所从来而承之，不能遂其功。是以《春秋》变一谓之元。元犹原也，其义以随天地终始也。故人惟有终始也，而生死必应四时之变。故元者为万物之本，而人之元在焉，安在乎？乃在乎天地之前。故人虽生天气及奉天气者，不得与天元，本天元命，而共违其所为也。故春正月者，承天地之所为也，继天之所为而终之也，其道相与共功持业，安容言乃天地之元？天地之元奚为于此，恶施于人？大其贯承意之理矣。（《春秋繁露·重政》）

董仲舒认为，《春秋》重视“元”是因为“元”是万物之始。一般人不能认识这个道理，只有圣人知道天地万物可以归属为一，这个“一”就是“元”，又称为“原”，它是天地万物的根本所在。如果不能秉承“元”这个根本，任何事情都没有办法成功。人虽然秉气而生，兼有阴阳二气，但是也不能违背这一根本。因为天地的本源就是人的本源。圣人既然明白这个道理，也能够认识和把握天地宇宙之“元”，所以他一定会为人说明这个道理。那么圣人说的是什么呢？他说的不是鸟兽虫鱼之类的知识。圣人终日孜孜不倦、夜以继日所要探寻和说明的是仁义而已。这既是人应当遵循的根本，也是君王治理国家天下的根本。这样，董仲舒就从宇宙生成论的高度论证了“大一统”的神圣性和合理性，同时也论证了封建伦理道德的至上性和权威性，为西汉时期巩固和加强集权统治提供了哲学基础。

13. 天子失道，则诸侯修之；诸侯失道，则大夫修之；大夫失道，则士修之；士失道，则庶人修之。修之之道，从师无常，诲而不倦，穷而不滥，死而后已。得时则行，失时则蟠。此先王之道所以续而不坠也，古者谓之继时。（《文中子中说·立命》）

王通，隋朝人，曾在隋朝任蜀郡司户书佐、蜀王侍郎等职，不久后辞官回家，讲学授徒。在王通的弟子中才识较好的有董恒、程元、贾琼、薛收、姚义、温彦博、杜淹等人。王通死后，他的弟子们尊称其为“文中子”。《文中子中说》就是反映王通思想的著作，由其弟子薛收、姚义收集整理。此段文字是薛收与房玄龄对话时所讲。房玄龄问薛收：“天下无道，你的老师为何还忙碌于此呢?”薛收就以上述引文作了回答。大意是：天子违背道义，就由诸侯整治；诸侯违背道义，就由大夫整治；大夫违背道义，就由士人整治；士人违背道义，就由平民百姓整治。先师知晓其中的道理，通过讲学将之传于后世。如果时机成熟，就施行治理之道；如果没有合适的时机，就蜷缩起来不露锋芒。这样先王之道就可以得到接续而不至于毁坏，这也就是古人所说的“继时”。这里的“道”既有规律的意思，也有“善治”的意思。“道”构成了儒家知识分子对社会评价的基本依据，他们告诫统治者应该依道而行，道成为贯穿哲学、政治学等理论的一条主线。有良知的知识分子对“道”的坚守，也使中华民族精神中的担当意识、责任意识得以传承。

14. 为天地立心，为生民立命，为往圣继绝学，为万世开太平。（《张载集·横渠语录》）

张载，著名理学家，北宋五子之一。因为是陕西眉县横渠人，所以又被称为“横渠先生”。以上四句话也由此被冯友兰先生称为“横渠四句”。“横渠四句”充分体现了儒者在构建精神家园、施行教化、接续文脉、开辟太平盛世等方面的使命担当。其中体现的也是天道与人道的统一。“为天地立心”就是要彰显天道，为人们构建以仁义为本的价值追求和精神世界。“为生民立命”就是以天道教化百姓，使之明确人的安身立命之本。“为往圣继绝学”就是要接续和传承孔孟创建的道统，使之绵延不绝。因为自魏晋至隋唐，玄学、佛教盛行，而儒学在理论上缺乏创新，所以张载说“为往圣继绝学”，正是反映了他光大儒学的宏图伟志。而“为万世开太平”就是要遵循儒学道统，创建太平盛世，实现“天下归仁”的美好世界。张载是这么说的，也是这么做的。他潜心问学，创立关学，自成一派；讲学授徒，弟子云集，使儒家道统浸润人心。

15. 王、若宰、若大夫、若民相与以有成者，谓之治，谓之道。若士、若师儒法则先生、先冢宰之书以相讲究者，谓之学。师儒所谓学有所载之文者，亦谓之书。是道也，是学也，是治也，则一而已矣。（《龚自珍全集·乙丙之际箸议第六》）

这段文字的大意是：王公大臣和百姓能够相互协作有所成就，叫作“治”“道”。人们和儒者研究前人的著述，叫作“学”。儒者将学习成果用文字呈现，也叫作“书”。道、学、治都是一个东西，即具有统一性和连贯性。正因如此，自古及今文脉得以代代相续。但是，龚自珍也强调：一代有一代之治，一代有一代之学，都由一代之王所开辟。儒者之学，虽然同出一源，但是有不同支脉，人们的阐述又各不相同。因此，人们如果局限于所听所学用于治理当朝之事，一定会有所偏失。如果要治理好国家，那么一定要研读本朝的法则以及本朝儒者的著作。可见，至清代，以龚自珍为代表的思想家已经开始在沿袭和创新之间进行平衡，他们既看到了文化的连续性，也看到了历史的发展、世界的变化所要求的文化的创新性。

第二节 大国气象，民胞物与

1. 子欲居九夷。或曰："陋，如之何？"子曰："君子居之，何陋之有？"（《论语·子罕》）

据杨伯峻的解释，"九夷"位处鲁国，周公曾经用武力占领。它是东方少数民族居住的地区。所以当孔子说要搬到九夷去居住的时候，就有人对他说："那里是蛮夷之地，人们愚昧不开化，怎么能去居住呢？"孔子不以为然，说："君子到那里去居住，那里怎么可能不开化呢？"君子之所以具有教化百姓的作用，是因为君子具有美好的德行、高尚的品格。孔子认为君子兼具仁、智、勇的品质。君子因为仁，所以爱天下之人；君子因为智，所以能够认识为人之道，并且不会为外物所惑；君子因为勇，所以无所畏惧。既然如此，面对不开化的百姓，君子定然以仁爱之心，运用自己的知识、德行去教化、感化百姓。因此，君子所到之处，也就是文明、王道所及之处。

2. 三代之得天下也以仁，其失天下也以不仁。国之所以废兴存亡者亦然。天子不仁，不保四海；诸侯不仁，不保社稷；卿大夫不仁，不保宗庙；士庶人不仁，不保四体。今恶死亡而乐不仁，是犹恶醉而强酒。（《孟子·离娄上》）

孟子认为圣王应当行仁政，这样才能治理好天下。夏商周三代获得天下是因为君主以仁治理天下，而他们失去天下是因为君主不以仁治理天下。所以，天子如果不仁，就不能保有四海；诸侯不仁，就不能保有社稷；卿大夫不仁，就不能保有其祖庙；士人和百姓不仁，就不能保全自己。那么，如何施行仁政呢？首先是使百姓有恒产，“五亩之宅，树之以桑”，“鸡豚狗彘之畜，无失其时”，“百亩之田，勿夺其时”，这样百姓有衣穿，有肉吃，免于饥饿；在此基础上对之施以教化，使之懂得孝悌，年老之人也就不需要辛苦劳作了。可见，孟子的行仁政就是强调君王应当关心和促进百姓的利益。君主虽然地位显贵，高高在上，但是百姓的作用却是巨大的。所以孟子说“民为贵，君为轻，社稷次之”，就是认识到了百姓的重要性，而将之置于君主之上。君主要得到天下，必须要得民心，得到百姓的拥戴和支持。如果君主能够爱民，做到“老吾老以及人之老，幼吾幼以及人之幼”，就可以将天下运于手掌之中。可以说，“仁”贯穿天地人心，“仁”之精神成为中华文明之宏大气象，流布千年而不衰。

3. 百里之地可以取天下，是不虚，其难者在人主之知之也。取天下者，非负其土地而从之之谓也，道足以壹人而已矣。彼其人苟壹，则其土地且奚去我而适它？故百里之地，其等位爵服，足以容天下之贤士矣；其官职事业，足以容天下之能士矣；循其旧法，择其善者而明用之，足以顺服好利之人矣。贤士一焉，能士官焉，好利之人服焉，三者具而天下尽，无有是其外矣。故百里之地，足以竭势矣；致忠信，著仁义，足以竭人矣。两者合而天下取，诸侯后同者先危。《诗》曰：“自西自东，自南自北，无思不服。”一人之谓也。（《荀子·王霸》）

此段文字中，荀子阐述了小国获得天下的道理。他认为获得天下并不只是获得土地，还要获取人心，而得人心就要以“道”使人们与自己团结一致。如果做到了团结一致，那么他们的土地也就会归属于“我”。所以，虽然土地有限，但是完全可以容纳和任用天下的贤能之士，使喜好功利之人顺服，这样就足以集中所有的权力；信守忠义、彰明仁义，就可以得民心尽民力。“竭势”与“竭人”两相结合，就可以获取天下。这就是小国获取天下之道。荀子此言意在于指出，获取天下必须要行仁义，能够得到天下之人的认同和拥戴，使自己成为民心所向，君与民团结一心。而其前提则是：君王须行仁义。

4. 古之欲明明德于天下者，先治其国；欲治其国者，先齐其家；欲齐其家者，先修其身；欲修其身者，先正其心；欲正其心者，先诚其意；欲诚其意者，先致其知，致知在格物。物格而后知至，知至而后意诚，意诚而后心正，心正而后身修，身修而后家齐，家齐而后国治，国治而后天下平。（《礼记·大学》）

《大学》中说：大学的为学宗旨在于明明德、亲民、止于至善，也就是所谓的“三纲领”。而要实现这一为学宗旨，首先就需要彰明弘扬至高的德行，而这就需要格物、致知、诚意、正心、修身、齐家、治国、平天下等功夫，也就是“八条目”。此段文字就阐明了“八条目”的顺序和逻辑关系，指明格物是起始，平天下是终点，其核心在修身。人们格物、致知、诚意、正心，目的在于修养自己的心性；人的心性得到了修养，才能够处理好家庭关系，使家庭和睦，然后才能治理好国家，进而平定天下。从这段文字首尾的表述中可见，“明明德于天下”与“天下平”相对应。可见平定天下不仅仅是借助武力，更为主要的是教化百姓和获取民心。

5. 乾称父，坤称母；予兹藐焉，乃混然中处。故天地之塞，吾其体；天地之帅，吾其性。民吾同胞，物吾与也。（《正蒙·乾称》）

这是北宋理学家张载非常有名的一段话。张载将之抄录后贴在窗户上，称之为《订顽》，后来程颐改名为《西铭》。这段话的大意是：天是父亲，地是母亲；我身处天地之间，是多么的渺小呀！阴阳二气构成我的身体，气中所含之理构成了我的本性。宇宙间的人和万事万物都是如此。所以，天下之人都是我的同胞，天下万物都是我的同类。既然如此，我们就应当爱天下所有的人和物。显然，"民胞物与"中包含着天人合一、物我合一的思想。只是张载在此基础上特别强调的是，人、天地万物都是平等的，人和万物在阴阳二气的构成上，在禀赋天地之性上，是相同的。这样一来，从"民吾同胞"的角度出发，人应当爱天下所有人，尤其是生活困难、生活困顿之人，不仅要爱自己的父母兄弟姐妹，也要爱鳏寡孤独废疾者；从"物吾与也"的角度出发，人应当爱惜、爱护天地万物，爱护自然。张载民胞物与的思想是对儒家道德理念的继承和发展，它从哲学本体论的高度对仁爱精神作了新的阐发，尤其是其中蕴含的平等精神，充分体现了张载思想的深刻。

6. 天地以生物为心者，而人物之生，又各得夫天地之心以为心者也。故语心之德，虽其总摄贯通无所不

备，然一言以蔽之，则曰仁而已矣。请试详之。盖天地之心，其德有四，曰元、亨、利、贞，而元无不统。其运行焉，则为春夏秋冬之序，而春生之气无所不通。故人之为心，其德亦有四，曰仁、义、礼、智，而仁无不包。其发用焉，则为爱恭宜别之情，而恻隐之心无所不贯。故论天地之心者，则曰乾元、坤元，则四德之体用不待悉数而足。论人心之妙者，则曰"仁，人心也"，则四德之体用亦不待遍举而该。盖仁之为道，乃天地万物之心，即物而在，情之未发而此体已具，情之既发而其用不穷，诚能体而存之，则众善之源、百行之本，莫不在是。（《仁说》）

儒家自孔子开始就推崇仁。据《论语·颜渊》记载，樊迟请教孔子什么是仁，孔子回答"爱人"。显然这时的仁还停留于情感的领域。南宋理学家朱熹依然强调以爱释仁，但是他从超越的层面理解仁。他将仁提高到了"天地万物之心"的本体论高度。他说天地之心包含四种德性，贞居于统领地位；运行起来则有春夏秋冬，而春天的生发之气无不贯通。同理，人心的德性也有四个，即仁义礼智，而仁居于统领地位，无所不包。它运行起来，则表现为爱恭宜别的情感，其中恻隐之心贯通所有。由此可见，仁是天道，是万物之心，是心之体；当它接触于物时，则发为情，是心之用。人如果能够体认到心的本体并很好地保有它，那么它就能成为众善之源、百行之本。

7. 大人者，以天地万物为一体者也。其视天下犹一家，中国犹一人焉。若夫间形骸而分尔我者，小人矣。（《传习录·大学问》）

王阳明的弟子问：“《大学》是大人的学问。那么大人的为学之旨为什么是明明德呢?”王阳明回答：“什么是大人？大人就是能够做到以天地万物为一体的人。他把天下视为一家，把中国视为一人。如果他有你我之分，那就是小人了。”进而，王阳明又指出，大人之所以能以天地万物为一体，是因为他本来就具有仁心。小人的心其实也是这样，具有仁之体，只是小人只看到自己，且受私欲的蒙蔽，无法认识到其心本仁。所以，大人之学就是要驱除私欲的蒙蔽，使本心之仁得到彰显，弘扬伟大的德性，恢复其天地万物一体的本然状态，而不是在此之外使他的认识有所增加。这个过程用陆九渊的话说就是“剥落物欲”“发明本心”的过程。按此逻辑，大人能够发明仁心，以天地万物为一体，因此也就是仁者以天地万物为一体，能够爱人、爱物。这符合儒家的一贯主张，是对儒家仁学的发展。

第八章

文化为纲、文明为纪的民族纽带

在中华民族长期融合的历史进程中，在中华文明长期发展的演进过程中，文化是最重要的纽带和黏合剂。不同民族的文化在共同的国土范围内不断交流、融合、演进，形成了中华文明的整体性、统一性形态。但我们不得不正视一个历史事实，即在中华文明内部存在着“夷夏之辨”的小传统，之所以说它是小传统，在于它时而出现、时而消失，特别是在汉族政权和少数民族政权对立的历史时期，汉族政权的大臣或知识分子往往搬出“夷夏之辨”的观点，否定少数民族政权的合法性及认定其文明的落后性，从而在主观上显示出一种中华民族内部的分裂和对抗。其实，历史已经证明，这种观点是完全错误的，客观上为中华民族的融合和国家的统一所不容；而整体上看，这种观点是为各代统治者所共同否定的。历代的思想家、有远见的政治家都认为，汉族和少数民族都是中国内部的不同民族，“夷夏之辨”只能说明不同民族之间文明程度——特别是以农耕文明为基础的礼仪制度的差异。在一个国家的范围内，所谓的“夷夏”本就是一家，是一国的百姓。事实上，随着民族融合和国土的统一，各个民族文明程度的差异都会随着社会的稳定和民间经济文化交流而变得越来越小，其民族心理越来越没有隔阂，这在各代呈现出一种趋同的大势。到了清代，特别是晚清时期，所谓的“夷夏之辨”已经消失得无影无踪，各族对中华民族文化的认同、对国家存亡的责任感空前高涨，最终形成了对中华民族的整体性认知、对中华文明的全局性思考，中华文明的统一性达到历史的新高度。

第一节　夷夏之辨，重在文明

1．夷狄之有君，不如诸夏之亡也。（《论语·八佾》）

夷指东方的民族，狄指北方的民族；夷狄古代泛指中原地区周边民族。“诸夏”是对中原华夏民族的称谓。孔子说：“夷狄虽然有君主，还不如中原的华夏民族没有君主。”这被视为孔子的夷夏观。他的意思是，夷狄虽然有君主，但是夷狄之民缺乏教化；中原的华夏民族虽然没有君主，但是却有礼乐文明；所以夷狄不如诸夏。其实，孔子并没有贬低、蔑视夷狄的意思。否则，他也不会有到夷狄之地去居住也可以的想法。孔子想要表达的是礼乐文明对于国家的重要性。一个民族如果有教化，就会懂得遵礼行义，社会就会安定，国家得到治理。反之，如果缺乏教化，人们行动没有规矩，就会“犯分乱礼”，社会就会动荡混乱。由此，夷狄和华夏的区别在于是否有文明、文化。正因如此，当别人对孔子说夷狄是不开化之地，如何居住的时候，孔子回答说，君子到那里去居住，就会教化一方百姓，既然如此，怎么会缺乏教化呢？可见，夷狄可以通过教化而“去夷狄化”，这也恰恰是圣人、君子的使命所在。

2. 《春秋》内其国而外诸夏，内诸夏而外夷狄。王者欲一乎天下，曷为以外内之辞言之？言自近者始也。（《春秋公羊传注疏·成公十五年》）

据文献记载，成公十五年（前576）冬季十一月，鲁国大夫叔孙侨如会见晋国大夫士燮、齐国大夫高无咎、宋国大夫华元、卫国大夫孙林父、郑国公子鰌、邾娄国人，在钟离这个地方会见吴国人。为什么要把会见吴国人区别来说呢？这是因为《春秋》把吴国人当作外人。在《春秋》这部书中，鲁国是内时，华夏各诸侯国就是外；华夏各诸侯国是内时，夷狄各族就是外。这样一来，内、外之分似乎表现出尊卑贵贱的意思。但是，君王如果想要统一天下，为什么还要用外、内这些词语来称呼各诸侯国呢？其实他的意思只是将之作了远与近的区别，统一天下要从近处开始而已。由此看来，并不存在对周边民族的蔑视，国、诸夏、夷狄只是距离周政权中心有远近之别而已。

3. 舜生于诸冯，迁于负夏，卒于鸣条，东夷之人也。文王生于岐周，卒于毕郢，西夷之人也。地之相去也，千有余里；世之相后也，千有余岁。得志行乎中国，若合符节。先圣后圣，其揆一也。（《孟子·离娄下》）

诸冯、负夏、鸣条都是古地名，大致在现在山东、山西一带，在当时属于东夷。舜从出生到死亡就生活在这一地带。岐周、毕郢就是现在陕西岐山、咸阳一带，属于西夷，周文王生活于此。东夷、西夷相距一千多里，两人生活的时代相隔一千多年。但是他们在中国的作为完全吻合，他们的准则也是一模一样的。舜和周文王都是圣人，其道一脉相承。相传舜还是一个大孝子，任凭他的父亲和继母如何想要置其于死地，舜依然尽心侍奉父母。文王姬昌也是好德之人，不仅勤政爱才，而且推行仁政。他们虽为东夷、西夷之人，却因为有德性、懂礼义而成为圣人，教化百姓，成为百姓榜样，为百姓世代颂扬。这里也表达了生于夷狄之地并非一定就是野蛮之民，他们仅是从地域上和文明上的区分。

4. 居楚而楚，居越而越，居夏而夏，是非天性也，积靡使然也。（《荀子·儒效》）

荀子此语是在强调后天学习、习惯的重要性。他从积土为山、积水为海说起，进而讲到任何人积累善行都可以成为圣人。所以说，圣人就是普通人日夜积累善行的结果。从逻辑上而言，夷狄之人只要积累善行，也有成为圣人的可能。在风俗习惯上也是如此。人们在楚国居住就有楚国的风俗习惯，在越国居住就有越国的风俗习惯，在中原华夏地区居住就有华夏地区的风俗习惯，这些都不是先天的本性，而是后天积累、熏陶的结果。因此，如果夷狄之人居住在华夏地区，也可以学习并遵循华夏地区的风俗习惯；反之，如果华夏之民居住在夷狄之地，也会遵从夷狄的风俗习惯，成为夷狄之人。由此可见，是夷狄还是华夏，都是礼义教化、后天习得的结果。

5. 中国、戎夷，五方之民，皆有性也，不可推移。东方曰“夷”，被发文身，有不火食者矣。南方曰“蛮”，雕题交趾，有不火食者矣。西方曰“戎”，被发衣皮，有不粒食者矣。北方曰“狄”，衣羽毛穴居，有不粒食者矣。中国、夷、蛮、戎、狄，皆有安居、和味、宜服、利用、备器。五方之民，言语不通，嗜欲不同。达其志，通其欲：东方曰“寄”，南方曰“象”，西方曰“狄鞮”，北方曰“译”。（《礼记·王制》）

此段文字的大意是：不同民族、不同地域的人虽然语言、习俗各有不同，但是他们相互之间都有了解对方、与之沟通交流的意愿。这也就构成了五方之民统一的基础。“五方之民”指的是中原华夏民族和东、南、西、北的少数民族。其中，东方称夷，南方称蛮，西方称戎，北方称狄。这五个不同地域的民族在穿着、饮食、居住等方面习俗各不相同，他们有的不束发，有的纹身，有的穿毛皮，有的不吃米饭，等等，但是他们都有安定的居所、适合口味的食物、合适的服装、有效的工具、完备的器物。他们语言不通、喜好不同，但是他们了解对方的愿望是相同的。这里的“寄”“象”“狄鞮”“译”都是翻译不同民族语言的“官”的意思，通过翻译“官”的意思，理解其他民族的文化。可见，不同民族的文化中总有共通的地方，相互之间也有沟通交流的愿望和可能。

6. 至所见之世，著治大平，夷狄进至于爵，天下远近小大若一，用心尤深而详。故崇仁义，讥二名。（《春秋公羊传注疏·隐公元年》）

何休，东汉时期今文经学家，儒学大师。《春秋公羊传注疏》是何休用时十余年所作。此段文字出自“隐公元年”，表达的是各民族平等、天下一家的民族观。其大意是：我们所看见的时代已是一个太平盛世，夷狄之人都受封爵位，天下各民族无论远近大小都像一家一样。所以推崇仁义，反对起两个字的名字。至于“讥二名”是否是反对起两个字的名字，是否是其他的意思，我们暂且不论，仅就“夷狄进至于爵，天下远近小大若一”而言，它已突破了夷夏之分，将之视为一家，这相较于以往不以民族区分夷夏而以文明程度区分夷夏，又有了一定的进步，体现了我国自古以来多民族融合、共生共存的统一景象。

7. 《春秋》之常辞也，不予夷狄，而予中国为礼。至邲之战，偏然反之。何也？曰："《春秋》无通辞，从变而移。今晋变而为夷狄，楚变而为君子，故移其辞以从其事……" （《春秋繁露·竹林》）

文中所提"邲之战"发生于春秋时期，是晋、楚之间争夺中原霸主的著名会战，结果是楚国战胜，奠定了楚庄王"春秋五霸"的地位。这段文字的大意是：《春秋》不变的语言文辞是不赞许夷狄，而赞许中国为礼义之邦。晋楚邲之战后，就反过来了。是什么原因呢？《春秋》没有一成不变的语言文辞，它会根据形势的变化而改变。晋国虽然地处中原，但是由于穷兵黩武，不讲礼义，因而成为夷狄；楚国虽然地处夷狄，但是由于修礼义，因而成为君子。因此在文辞表达上面也就有所变化。在这里，董仲舒所表达的观点是：是否修礼义、懂礼义、行礼义才是区分夷夏的根本标准；无论是夷还是夏，只要违背了礼义，就是夷狄，只要修礼义，就是君子。

8. 东夷率皆土著，憙饮酒歌舞，或冠弁衣锦，器用俎豆。所谓中国失礼，求之四夷者也。凡蛮、夷、戎、狄总名四夷者，犹公、侯、伯、子、男皆号诸侯云。 （《后汉书·东夷列传》）

"中国失礼，求之四夷"的意思是：如果中国（华夏）将礼义制度丢失了、遗忘了，可以从"四夷"的风俗习惯和礼义制度中寻找和填补。所谓“四夷”包括南蛮、东夷、西戎、北狄，是中国（华夏）周边的民族。这句话表达的是中国的礼义制度与周边少数民族的礼义制度是相通的。其中，东夷人爱好饮酒歌舞，戴礼帽，穿锦衣，祭祀时使用俎和豆，保留了很多华夏民族的文化传统。这说明，在当时，中华各民族之间的文化交流与文化融合已经使各民族水乳交融，难以割离。所以范晔认为，四夷就如同公、侯、伯、子、男是对诸侯的不同称呼一样，其实就是一个名称，没有根本区别。可见，此段文字体现了范晔的“华夷一体”观，是中华民族共同体意识的显现。

9. 董常曰：“大哉，中国！五帝、三王所自立也，衣冠礼义所自出也。故圣贤景慕焉。中国有一，圣贤明之。中国有并，圣贤除之耶？”子曰：“噫！非中国不敢以训。”（《文中子中说·述史》）

此段文字是王通与他的弟子董常的对话，表达的是对中国文化的认同以及对中国统一天下的自信。董常说：“中国伟大啊！五帝（黄帝、颛顼、帝喾、尧、舜）、三王（燧人氏、伏羲氏、神农氏）是在这里出现的，穿衣戴帽等礼义文明是在这里产生。所以圣贤之人都敬仰、仰慕。中国实现一统，是因为圣人想与之结盟；中国兼并其他地区，是因为圣人想要消灭它吗？”王通感叹道：“只能归顺中国啊！”中国是圣王和礼义文明的发源地，是天下圣人贤者的向往之地；中国实现天下一统，不是因为他的力量的强大，而是因为他的文化文明具有强大的吸引力和凝聚力，能够吸引天下的有识之士，而被中国兼并的地方，则是缺乏礼义文明并被天下圣人贤者所唾弃厌恶的地方。这样，中国实现的天下一统就不仅仅是政治的统一，更是文化的统一。

10. 夫华夷者，辩在乎心；辩心在察其趣向。有生于中州而行戾乎礼义，是形华而心夷也。生于夷域而行合乎礼义，是形夷而心华也。（《文苑英华·华心》）

在经历了几次大分裂和大统一之后，隋唐之时，中华各民族之间的文化交流不断深入、相互渗透，在皇族中也融入了少数民族的血脉，朝堂之上也有外国人以及少数民族。当时的大食（阿拉伯帝国）人李彦生参加唐朝的科举考试，高中进士，时人认为李彦生为夷人，不宜录取。这种现象就引发了“夷夏之辨”的思考和讨论。陈黯创作了一篇散文《华心》，表达了自己对这个问题的看法。陈黯认为：辨别是华是夷要辨别他的心（也就是他的文化认同），辨别他的心就要明察他的兴趣志向。有的人虽然生活于中原华夏地区，但是行为暴戾不知礼义，这就是外表是华而内心是夷。有的人生活于蛮夷之地，但是行为遵循礼义，这是外表是夷而内心是华。所以，华夷之别根本在于人是否知礼义。只要认同并遵守礼义文明，无论是什么民族，身处何方，都是中华的一员。

11. 孔子之作《春秋》也，诸侯用夷礼则夷之，进于中国则中国之。（《韩昌黎文集校注·原道》）

韩愈也将中国理解为文化的概念。他指出，孔子作《春秋》，对于采用夷狄礼俗的诸侯就视之为夷狄之人，对于采用中原礼俗的诸侯就视之为中国人。韩愈以中国的礼义文明来区分夷狄与中国，体现了他对中国的礼义文明深刻的文化自信。韩愈生活的时代，佛教十分盛行，而韩愈力主排佛。他之所以用中国之礼来区分华与夷，就是因为他认为在佛教的影响下，人们心中都无君、无父，君臣、父子之义都失去了，百姓也不做他们该做的事。如今，人们推崇佛教之礼，也就是推崇夷狄之礼，并把它置于先王的礼义教化之上，那就要使中国沦为夷狄了。此外，从这段文字也可以看出，韩愈认为中国礼义文明不仅先进，而且具有极大的包容性，它可以将各民族凝聚统一起来。

12. 所以为中国者，以礼义也；所以为夷狄者，无礼义也，岂系于地哉？杞用夷礼，杞即夷矣；子居九夷，夷不陋矣；沐纣之化，商士为顽人矣；因戎之迁，伊川为陆浑矣。非系于地也。晋之南渡，人物攸归，礼乐咸在，风流善政，史实存焉。魏氏恣其强暴，虐此中夏，斩伐之地，鸡犬无余。驱士女为肉薦，委之戕杀；指衣冠为刍狗，逞其屠刈。种落繁炽，历年滋多。此而帝之，则天下之士，有蹈海而死；天下之人，有登山而饿；忍

食其粟，而立于朝哉？（《全唐文·东晋元魏正闰论》）

皇甫湜，唐朝时期散文家，韩愈的学生。唐宪宗时期考中进士，在朝堂为官。此段文字见于皇甫湜的《东晋元魏正闰论》，题名的意思就是分析说明东晋和北魏孰是正统。皇甫湜认为，中国和夷狄的区别在于是否有礼义，而不在于所处何地。比如：杞国（今河南杞县）使用夷狄之礼，就是夷狄；孔子居住在夷狄之地，但是由于孔子施以教化，夷狄也就不是野蛮之地了；在商纣王的影响下，商朝士人沦为了愚妄之人；西戎之人迁居到伊川（今属河南洛阳），伊川改名为陆浑。进而，东晋和北魏谁是正统呢？皇甫湜指出，晋南渡之后，依然保留、沿袭以往的礼乐文明，而北魏则屠戮中原，所到之处，民无宁日；不行礼义，以致天下有识之士宁愿死亡、饥饿，也不愿在北魏朝廷为官。由此，其结论是：东晋是正统，北魏是非正统；因为东晋有礼义，而元魏没有礼义。

13. 盖中国之所以为中国者，以有礼义之风，衣冠文物之美也。（《明实录·正德十四年乙卯监察御史虞守随》）

这是明武宗正德十四年（1519）监察御史虞守随所说。其意思是中国之所以为中国，是以礼义作为标准，是对中国礼义文明的一贯认同。中国不仅有先进的礼义文明，而且风俗制度都很美，所以成为中国。这样的观点中国自古就有。比如，《尚书正义》中有“冕服采章曰华，大国曰夏”，冕服是古时天子在重要仪式上所穿戴的礼服，采章是有彩色花纹的旌旗、车舆、服饰等。因此，“华夏”就是礼制兴盛、发达的地方。《左传春秋正义》中也有“中国有礼仪之大，故称夏，有服章之美，谓之华”，都是同样的意思。

第二节　夷夏一家，相融共生

1. 赫赫楚国，而君临之，抚有蛮夷，奄征南海，以属诸夏。（《左传·襄公十三年》）

春秋时期，公元前560年楚共王去世，大臣们对他的功业进行评价，就有了文中的这句表达。其意在于歌颂楚国的盛大。由于楚国地处长江流域，在中原华夏以南，通常被视为蛮夷之地。但是楚国并不以为然。他们认为楚国拥有南方的广阔土地，与华夏民族有深切的联系，所以并不属于蛮夷。事实上，楚国先民最早生活于黄河流域的中原地区，后来南迁到了楚地，因此楚文化中原本就有中原文明的因素，当然也逐渐吸收了蛮夷文化，是中原文明与南方少数民族文明交融的结果，这也就是楚人认为自己是蛮夷与华夏沟通的桥梁的原因。从文化传播的角度，我们可以看到中原文明的强大吸引力和影响力，自古就不断向周边民族传播和渗透；从文化认同的角度，我们可以看到楚人虽然南迁，并形成了自己独具特色的文化，但是对于中原文化仍然有深刻的认同，这正是大一统形成的深厚文化根基。

2. 夫天之所覆，地之所载，六合所包，阴阳所呴，雨露所濡，道德所扶，此皆生一父母而阅一和也。是故槐榆与橘柚合而为兄弟，有苗与三危通为一家。……是故自其异者视之，肝胆胡越；自其同者视之，万物一圈也。（《淮南子·俶真训》）

《淮南子》一书中深蕴着黄老道家的思想。它以道为万物本原、本体，由此观之，天地万物（包括人）都由道而创生，所以从其本质而言都是一样的，没有不同，应和谐共生。所以，槐树和榆树、橘子和柚子可以合为兄弟，有苗部落与地处西部边疆的三危人可以成为一家。同还是异，就看你如何看了。如果你从事物之间的差异看，紧紧相邻的肝与胆也会像胡人与越人相距那么遥远，如果你从事物之间的共同之处看，天下万物就会像在一个圈子里那么亲近。如果从文化的角度理解这段文字，则是说：不同的民族、不同民族的文化从本质上也都是天地所化育，也都可以和谐共生。当人们强调其不同时，就会有华夷之辨；但是如果强调其相同时，就会有华夷一家。显然，这段文字既表达了文化文明的差异性，也表达了文化文明的统一性，并强调文化文明在差异性基础上的统一。

3. 朕方混六合为一家，视夷狄为赤子。（《资治通鉴·晋纪》）

苻坚是十六国时期前秦君主，氐族人。苻坚称帝后，逐渐统一北方。与他之前的前秦君主不同的是，苻坚对“中国”有很深的认同感，并且以“中国”人自居。他采取开明的民族政策。他重用汉人王猛，让他制定各种法令制度；他“以恩信怀戎狄”，与匈奴修好，使其归顺。369年，前燕慕容垂投奔苻坚，被其收留之后燕王慕容暐又被迁徙到长安，虽然招致众臣的反对，苻坚依然坚持给慕容垂、慕容暐封了官。文中所引就是苻坚针对反对意见的回答，他说，我刚统一天下，将夷狄之人都看作臣民百姓。你们不要过于担心。只有修德才能消除灾祸，如果能够修养心性，以德服人，那又何必惧怕外患呢！

4. 时二京倾覆，幽冀沦陷，廆刑政修明，虚怀引纳，流亡士庶众多襁负归之。廆乃立郡以统流人，冀州人为冀阳郡，豫州人为周郡，青州人为营丘郡，并州人为唐国郡。（《晋书·慕容廆》）

房玄龄在《晋书》中这样描写慕容廆：“廆幼而魁

岸，美姿貌，身长八尺，雄杰有大度。”身材魁梧高大，样貌俊美，有宏图大志，气量宽宏。据记载，慕容廆因为刑政法令整治清明，能够虚怀接纳人才，以致很多流亡的士庶之人都归附于他。为了接纳安置这些来自汉地的流民，慕容廆设立郡来统领管辖他们。冀州人安置在冀阳郡，豫州人安置在周郡，青州人安置在营丘郡，并州人安置在唐国郡。这样就形成了夷夏一家的局面。

5. 自古皆贵中华，贱夷狄，朕独爱之如一，故其种落皆依朕如父母。（《资治通鉴·唐纪》）

唐太宗此语的意思是：自古以来人们都重视中原的华夏民族，而轻视那些少数民族。我就不一样，我对他们一视同仁，所以各少数民族的百姓也视我如父母。这是唐太宗天下一家思想的反映。在民族问题上，唐太宗实行开明的民族政策，比如在边远地区实行“羁縻府州”制度，类似于现在的自治区制度，由少数民族自行治理。不过，羁縻州也有大量汉人，也就是民族杂居。唐太宗时期，为了与吐蕃修好，减少战乱，把文成公主嫁给吐蕃王子松赞干布，奠定了汉藏友好交往的基础。后来唐中宗时期又把金城公主嫁给尺带珠丹。唐蕃和亲极大促进了汉藏之间的交流，中原文化传至吐蕃，吐蕃的物产也传至中原，民族融合得到发展。唐灭东突厥之后，慑于唐朝天威，其部族首领请求唐太宗做“天可汗”。由此，唐太宗兼有皇帝和天可汗的双重身份，这也是民族融合的反映。此外他也曾对侍臣说过：中国是树的根和干，四夷是树的枝叶；割去根干来养护枝叶，树木是不可能枝繁叶茂的。显然，华夷虽然一体，但其主体依然是华夏。当唐太宗去世时，很多在朝堂做官以及来朝贡的夷狄之人都痛哭不已，“翦发、剺面、割耳，流血洒地”。

6. 成周之世，中国之地最狭，以今地里考之，吴、越、楚、蜀、闽皆为蛮；淮南为群舒，秦为戎。河北真定、中山之境，乃鲜虞、肥、鼓国。河东之境，有赤狄、甲氏、留吁、铎辰、潞国。洛阳为王城，而有杨拒、泉皋、蛮氏、陆浑、伊雒之戎。京东有莱、牟、介、莒，皆夷也。杞都雍丘，今汴之属邑，亦用夷礼。邾近于鲁，亦曰夷。其中国者，独晋、卫、齐、鲁、宋、郑、陈、许而已，通不过数十州，盖于天下特五分之一耳。（《容斋随笔·周世中国地》）

洪迈是南宋时期著名文学家，官至翰林学士、龙图阁学士、端明殿学士。在《容斋随笔》中，洪迈以发展的眼光来理解中国以及华夷之间的关系。在这段文字中包含了两个层面的意思：第一，中国的疆域是不断发展变化的。西周的时候中国的地域最为狭小，如果按现在的地理来考察，吴、越、楚、蜀、闽、淮南、秦、河北真定和中山一带、黄河以东、洛阳、京东、杞国都城雍丘、邾国等地都属夷狄，只有晋、卫、齐、鲁、宋、郑、陈、许等诸侯国属于中国，总共不过数十州，也不过今日天下的五分之一罢了。可见，中国的疆域变大了。第二，在发展的过程中，原来的夷狄之地已经纳入了中国，也就是说中国是多民族交融共生的结果。华与夷之间你中有我、我中有你，水乳交融，难以区分。他们都是中华民族大家庭的一员。

7. 尚书省言："齐民与屯田户往往不睦，若令递相婚姻，实国家长久安宁之计。"从之。（《金史·章宗本纪一》）

金代虽为女真政权，但是在促进民族融合方面采取了诸多举措，民族一体化有了新的进展。金世宗时期，以汉人韩企先为丞相，法令制度大多出自韩企先之手，可见金世宗对他的信任和器重。金章宗时期，为了进一步缓解平民与屯田户之间的矛盾，使他们和睦相处，令汉人与女真人通婚，以实现国家的长治久安。此外金代设立了军政合一的基层政权单位——猛安，猛安由女真人组成，其内部计口授田，无事耕田，有事战斗。但是女真人不擅耕作，金世宗又令猛安人户与汉人杂居，每四五十户结为保聚，让他们在农作时相互帮助，"猛安人与汉户，今皆一家，彼耕此种，皆是国人"。之后，金章宗再次下诏：屯田军户与汉人结婚的，听候任命。"诏屯田军户与所居民为婚姻者，听"。在这种政策的影响下，女真人与汉人之间的通婚现象更为频繁。所以，南宋大臣蔡戡这样评价：在中原出生的女真人虽然父亲是女真人，但是他们的母亲其实是汉人。在金代统治者的政策推行之下，汉与女真之间的融合进一步加速，华夷区别被弱化。

8. 朕既为天下主，华夷无间，姓氏虽异，抚字如一。（《明太祖实录》）

明朝结束了元朝的统治，重新建立了汉族政权，但是经过长期的发展，民族之间的交流和融合已经进一步深入。如何对待少数民族？明太祖朱元璋采取怀柔政策，主张与少数民族和睦相处。明朝建立之初，尚有一部分元朝军队败走草原，明太祖朱元璋除了对他们进行武力打击之外，还努力通过和平的方式结束战争。洪武十三年（1380），明太祖派遣使者诏谕元朝：我既然是天下之主，但是华夷之间没有间隙、没有隔阂，虽然我们的姓氏有不同，但是我们是一家人，没有区别。明太宗朱棣在华与夷的关系上也持有开明的态度，他说华夷本来就是一家，我奉天之命而为天子，天地所覆载的，都是我的孩子。因此，各民族之间也就是兄弟姐妹。可见，华夷之间的距离拉近了，和睦相处成为必然。

9. 满汉之人，均属一体，凡审拟罪犯、差徭、公

务，毋致异同。（《清太宗实录·天命十一年八月丙子》）

清朝初期，满族统治者就已经提出了“满汉一体”“满汉一家”的观点。皇太极说：“满人和汉人是有机整体，在审问罪犯定其罪名、差派徭役、国家事务等方面要一视同仁。”既然是有机整体，那就是相互之间不可分割。顺治皇帝也认为天下一家，满族与汉族的官民都是天子的臣子，应当和睦相处、相亲相爱，若要如此，不如让满汉之间相互通婚，成为真正的一家人。可见，满族统治者十分重视对汉人的安抚，在着力促进不同民族之间的团结融合。

10. 盖从来华夷之说，乃在晋宋六朝偏安之时，彼此地丑德齐，莫能相尚，……今逆贼等于天下一统，华夷一家之时，而妄判中外，谬生忿戾，岂非逆天悖理，无父无君，蜂蚁不若之异类乎？（《大义觉迷录·雍正上谕》）

清雍正皇帝特别强调华夷一体、天下一家。他在《大义觉迷录》中多次阐述了这一思想。雍正帝认为，之所以有华夷之辨，主要是东晋和南北朝时期造成的大分裂导致的。各国土地大小相当、德教齐等，彼此不相上下，谁也瞧不上谁。如今已经实现天下一统、华夷成为一家，还分华和夷的话，就会如同禽兽一样。显然，雍正帝认为清王朝已经实现了“大一统”，华夷有别的思想不利于大一统国家的发展。此外，雍正帝还对大一统的实现深感自豪。他认为清王朝开疆拓土，地域广博，即便是北部边疆地区的满族也纳入版图，怎么能有华夷中外之分呢！不仅是本国各民族，而且周边小国也以我国为君，向我朝尽臣民之道，因此也不应分别华夷而使其产生异心。这样，雍正帝的大一统已经不仅局限于本国，而是有了天下一统的意味。

第三节　中华一族，同心同德

1. 时燕公于谨勋高望重，朝野所属。白文帝，言瑾学行兼修，愿与之同姓，结为兄弟，庶子孙承其余论，有益义方。文帝叹异者久之，更赐瑾姓万纽于氏。瑾乃深相结纳，敦长幼之序；谨亦庭罗子孙，行弟侄之敬。（《周书·唐瑾传》）

燕公于谨，拓跋氏，鲜卑人。他功勋卓著、德高望重，朝野之人都很敬重他。唐瑾，汉人，仪态温文大方，举止文雅，周文帝宇文泰召之入朝，委以重任。他多次立下战功，又参与制定朝廷与国家的典章制度，后升迁为户部尚书，并被赐予骠骑大将军、开府仪同三司等封号，赐姓宇文氏。有一天，于谨禀告周文帝，说唐瑾学问和品行都很出色，自己想要与之结为同姓兄弟，让子孙能够蒙受他的教化，懂得为人处世的道理和规范。周文帝惊叹不已，又赐唐瑾万纽于氏。唐瑾于是按照礼仪行结拜之礼，以推崇长幼之序；于谨也让子孙立于厅堂，对长辈行礼表达恭敬之心。由文段可见，身为鲜卑人的朝廷重臣倾慕汉族士人，并且愿意与之结为同姓兄弟，反映了天下一家观念成为有识之士的共识；鲜卑人对于中原文化十分推崇，愿意学习、接受中原文化的教化，反映了他们对中原文化的认同。

2. 今天下一家，孰为南北。设或有变，军人入城，独能安耶。当严武备以察奸，无示彼此之间也。（《金史·刘筈列传》）

刘筈，汉族人，天辅七年（1123），金太祖攻占河北一带，刘筈和他父亲投降金军，在金代朝廷做官并受到重用。皇统二年（1142），刘筈出任江南封册史，到临安（今浙江杭州）册封赵构为宋朝皇帝。宋人给宋主居住的地方题署“行宫”。刘筈认为不可以，于是把题署的“行宫”去掉了，然后按照礼仪行事，受到宋人的赏识和佩服。后来，有人提议在馆陶这个地方修筑三个城墙，遇到危险就令北方军队入驻城内。刘筈说：“现在天下一家，哪有什么南北之分？假如真的有突发的危险，军人进入城内，还能安全吗？应当整饬武器装备，谨防作乱，不要再强调彼此的区别了。”他的这个观点和建议得到了大家的认同。可见，“天下一家”的共同体意识不仅是汉民族统治者的共识，也是各民族统治者的共识。

3. 元者，善之长也。先儒训之为大，徐思之，意味深长。盖不大则藩篱窘束，一膜之外便为胡越。其乖隔分争，无有已时，何者？所谓善大，则天下一家，一视同仁，无所往而不为善也。二小儿同父母兄弟也，或因小事物相恶骂，即咒其爷娘令死，不知彼父母亦我父母也。（《许衡集·语录下》）

（元世祖至元八年）十一月……建国号曰大元，元世祖诏书说：“诞膺景命，奄四海以宅尊；必有美名，绍百王而纪统。肇从隆古，匪独我家。且唐之为言荡也，尧以之而著称；虞之为言乐也，舜因之而作号……可建国号曰大元，盖取《易经》‘乾元’之义……”元世祖改国号为“大元”遵循了“事从因革，道协天人”的基本精神。“大元”国号是元朝取得中国王朝正统地位的重要政治举措。元人追怀上古，自认元朝与中国上自三代以至近世的各朝在统系和文化上是一脉相承的，“大元”是天下一统、华夷一体、天下一家的中国正统王朝。元朝大儒许衡从文明标准、民本理念的角度对元朝国号释义为儒家训导之仁善、施仁政则可天下一家，并将元朝统辖之各民族形象地比喻为小儿兄弟，即使有所交恶，亦是一家亲的兄弟。至元十三年（1276）元朝灭亡南宋，实现了空前的大一统，使元朝的“正统”地位实至名归。

“元”成为“乾元一统”的中国称号，天下一家的各民族便成为大家庭中的成员。

4. 朕起布衣，定群雄，为天下主，已尝诏告天下，蒙古诸色人等，皆吾赤子。果有材能，一体擢用。比闻入仕之后，或多更姓名……如已更易者，听其改正，可谓正大简要。（《日知录·二字姓改一字》）

这是顾炎武《日知录》中记载的明朝朱元璋的诏书的部分内容。洪武三年（1370）朱元璋下诏说：“我原本出身于平民百姓，平定群雄，成为天下之主。后来，我曾诏告天下，四海内外的各族都是一样的百姓。如果他们有才华，一律提升任用。近来我多次听闻他们入仕之后大多会更改姓名，……如果他们已经改名，就任凭他们改了。”可见，第一，朱元璋以天下为一家，认为汉人与各民族本为一家人，要一律平等对待。第二，一些在明朝当官的少数民族接受汉族文化，更改姓名，以示认同。及至明成祖时期，依然坚持天下一家的观点。明成祖曾说：“我禀天命而有天下，为百姓之主宰。我将依循上天的仁德之心来治理天下，对四海之内所有的百姓都一视同仁，天下一统、华夷一家，分什么彼此呢？”这样，汉与各少数民族之间的双向奔赴为天下一家的大一统的形成奠定了坚实的基础，民族之间的融合不断加强加深。

5. 夫中外者，地所画之境也；上下者，天所定之分也。我朝肇基东海之滨，统一诸国，君临天下，所承之统，尧舜以来中外一家之统也；所用之人，大小文武，中外一家之人也；所行之政，礼乐征伐，中外一家之政也。（《清世宗实录·雍正十一年四月己卯》）

清雍正帝坚持华夷一体、天下一体。针对有的人区分华夷、歧视边疆少数民族的观点，雍正帝作了批驳。他说："自古帝王之有天下，莫不由怀保万民，恩加四海，膺上天之眷命，协亿兆之欢心，用能统一寰区……此天下一家，万物一体，自古迄今，万世不易之常经，非寻常之类聚群分，乡曲疆域之私衷浅见所可妄为同异者。"雍正帝认为，自古以来帝王治理天下，都是要安抚保护老百姓，使君王的恩德施于四海，让天下百姓喜悦，任用有才能的人统一天下。……自古以来，天下一家、万物一体是天经地义、不可移易的事情，这和一般的物以类聚人以群分是不同的。之前有人按照疆域进行区分、辨别同异，都是非常肤浅的见解。正是在天下一家、华夷一体思想的指导下，清朝大一统的局面不断得到巩固和加强。这不仅表现为民族共同体意识的加强，而且还表现为文化认同的加强。雍正还曾指出：清王朝所承接的原则和准则，是自尧舜以来天下人共同认可的原则和准则；清王朝所任用的人才，无论地域，都是一家人；清王朝所施行的政令，无论礼乐征伐，也都是天下一家共同的政令。这就承认了中原文化的正统，同时也指明了这一文化传统自古以来一直延续，没有中断。

6. 昔戊戌在京时，有问政体者，吾辄以八字言之，曰“满汉不分，君民同体”。皇上甚韪之。因言魏文改姓迁都事，皇上决将满汉二字删除，凡官之分满、汉缺者亦删去。其任官惟才，不问何籍，各地驻防，皆附其地，听其谋四民之业。其满洲旧姓，皆取一字而行之，如魏故事。故只有所谓中国，无所谓满、汉；帝统宗室，不过如汉刘、唐李、宋赵、明朱，不过一家而已。（《康有为全集·答南北美洲诸华商论中国只可行立宪不可行革命书》）

康有为是戊戌变法的倡导者之一，他主张通过变法救国救民。1898年康有为等人在北京成立了保国会，制定了《保国会章程》，强调以“保国、保种、保教”为宗旨。“保国”就是“保国家之政权土地”，“保种”就是“保人民种类之自立”，“保教”就是“保圣教（儒教）之不失”。它涵盖了政权、民族、文化等三个方面。在康有为的忧国忧民思想中，尽显他的天下一家的民族观念。在《答南北美洲诸华商论中国只可行立宪不可行革命书》中，他主张中国不能实行革命，否则会导致分裂。他以中国各族已经是一家作为论证，反对内部斗争。从历史发展的必然性看，他以君主立宪而反对革命的观点是完全错误的，但同时，他也道出了一个事实，即在清代，中国境内的各族人民的融合程度是空前的，特别是满汉之间，在文化、习俗、生活方式、衣食、语言等方面已经没有差别。在康有为看来，我们都是炎黄子孙，虽然居住在各自的乡里，实际上就像一家人一样。我们中国人占了地球人口的三分之一，如今却受外敌的侵略和欺凌，割地赔款，几乎国不成国，中国人应该团结起来一致对外。他主张悉数废除记录满、汉的名册，将国名定为“中华”。教授中华的语言文字，用中华的礼仪风俗引导他们。康有为的“中华”之说，避免了传统的以中原华夏民族为中国的认识，有其历史进步意义。

7. 吾中国言民族者，当于小民族主义之外，更提倡大民族主义。小民族主义者何？汉族对于国内他族是也。大民族主义者何？合国内本部属部之诸族以对于国外之诸族是也。……合汉、合满、合回、合苗、合藏，组成一大民族，提全球三分之一之人类，以高掌远跖于五大陆之上。（《饮冰室文集·论国民与民族之差别及其关系》）

1905年初，梁启超在《历史上中国民族之观察》指出：中华民族是由多民族在历史发展过程中逐渐形成的。它是世界最大的国家，拥有世界最多的人口；它的历史绵延四千多年未曾中断，它有四亿人共同使用的语言文字，有三十个世纪以前传承下来的古籍经典。世界上没有其他国家能比及。他作《黄帝》歌：“赫赫我祖名轩辕，降自昆仑山。……嗟我子孙无忘，无忘乃祖之光荣！”表达了强烈的民族自豪感。在梁启超看来，中华民族之所以不像欧洲国家那样走向分裂，而是形成了大一统的格局，就在于中华民族“天下一家”的思想观念发挥了重要作用。但是，梁启超生活的时代，国家民族正在遭受蹂躏，所以他认为各族人民必须团结起来，“中华民族”就是各民族形成的统一体。为此，梁启超大声疾呼：“变法必平满汉之界始”，即必须去除民族间的隔阂，要有看到其他民族的人便立刻浮现出“这是我们中国人”的观念，即形成中华民族的观念。这个观念就是梁启超所说的“大民族主义”。“大民族主义”区别于“小民族主义”。“小民族主义”是将各民族之间相区别，汉族是汉族，满族是满族；“大民族主义”是将中华各民族视为一个整体，与国外各民族相区别，也就是汉族、满族、回族、苗族、藏族等组成的大民族。梁启超以这种大民族观、中华观将各民族人民凝聚起来，民族共同体的意识日渐成熟。

8. 盖亚洲之有黄种，若满洲，若蒙古，若汉人，洪荒虽难记载，族类殖等本支。如山之一系列峰也，水之同源异派也，禾之连根歧穗也，本之合株散枝也。一而数，数而一，既由分而合，讵能合而为分也。（《清末筹备立宪档案史料·举人董芳三条陈为辟排满说并陈和种三策以弭离间呈》）

在面对民族危亡之时，清朝士人，无论满人还是汉人，都主张满汉一家，应当同舟共济。满人御史贵秀认为，国家的利益与危难是满人与汉人共同的。况且满汉有共同的君主，同为清朝子民，服饰相同，文字相同，语言相同，所不同的不过是满人属于不同的旗，汉人属于不同的省。清朝举人董芳三说："虽然没有史料记载，但是满人汉人就如同一山之上的各个山峰，同源之水的各个支脉，连着根系的众多禾穗，同一树干的各个枝叶。虽然众多，但是根于一。"也就是说，满人汉人虽属不同民族，但是都是统一的大家庭中的一员。乌泽声是留学日本的满族学生，他在《满汉问题》一文中指出，满人汉人是同一民族之中不同种族的国民。国家兴盛，国民共享其福；国家灭亡，国民共蒙其祸。满人汉人祸福相倚，所以，应当共同救国救民。从以上文字可见，清朝末年无论满族还是汉族的有识之士，已经形成了新的民族观，说明民族共同体意识已经深入人心。

9. 中国向来虽无民族二字之名词，实有何等民族之称号。今人必目中国最旧之民族曰汉民族，其实汉为刘家天子时代之朝号，而非其民族之名也。中国自古有一文化较高、人数较多之民族在其国中，自命其国曰中国，自命其民族曰中华。即此义以求之，则一国家与一国家之别，别于地域，中国云者，以中外别地域远近也。一民族与一民族之别，别于文化，中华云者，以华夷别文化之高下也。即此以言，则中华之名词，不仅非一地域之国名，亦且非一血统之种名，乃为一文化之族名。故《春秋》之义，无论同姓之鲁、卫，异姓之齐、宋，非种之楚、越，中国可以退为夷狄，夷狄可以进为中国，

专以礼教为标准，而无亲疏之别。其后经数千年混杂数千百人种，而称中华如故。以此推之，华之所以为华，以文化言，不以血统言，可决知也。故欲知中华民族为何等民族，则于其民族命名之顷，而已含定义于其中。与西人学说拟之，实采合于文化说，而背于血统说。（《杨度集·金铁主义说》）

《金铁主义说》是杨度于1907年发表的一篇文章。在文章中杨度对“中华”这一概念作了厘清。他指出，国家有地域的概念在其中，国与国之间可以以地域来区分。中国自古以来以文化较高、人数较多的民族在国中，故称为“中国”，而其民族则称为“中华”。所以，当说中国时，是区别地域之远近；当说中华时，是区别文化之高下。就此而言，中华并不是地域概念，也不是血统概念，而是一个文化概念。这就是为什么原处中国却可以退而为夷狄，原为夷狄却可以进而为中国。因为中国和夷狄的标准就是是否遵循礼教，没有远近亲疏之别。中国各民族在数千年历史发展中相互混杂产生了数千百人种，但是依然称为中华。可见，中华之所以为中华，是以文化而言的。杨度在这里潜藏的意思是，中华民族在几千年的发展中，其文化一以贯之，这是多民族得以统一为中华民族的文化基础。

10. 故中国之在今日世界，汉、满、蒙、回、藏之土地不可失其一部，汉、满、蒙、回、藏之人民，不可

失其一部，必使土地如故，人民如故，统治权如故……人民既不可变，则国民之汉、满、蒙、回、藏五族，但可合五为一，而不可分一为五。（《杨度集·金铁主义说》）

杨度在强调了“中华”是一个文化概念，各民族有共同的文化认同之后，更是强调各民族的不可分割。在《金铁主义说》一文中，他指出：“在当今世界，汉、满、蒙古、回、藏的土地是中国的领土，任何一块土地都不可丢失；汉族人、满族人、蒙古族人、回族人、藏族人都是血肉同胞，任何一个民族都不可丢失。五个民族可以统一，绝不可分裂。”这是当中华民族处于风雨飘摇之中，当国土被西方列强侵占瓜分之时，杨度对于捍卫中华民族统一的强烈呼吁，体现了中华各民族同心同德捍卫国家民族利益的决心和抱负。

参考文献

[1] 山海经［M］. 上海：上海古籍出版社，1989.

[2] 司马迁. 史记［M］. 北京：中华书局，1982.

[3] 房玄龄. 晋书［M］. 北京：中华书局，1974.

[4] 魏收. 魏书［M］. 北京：中华书局，1974.

[5] 司马光. 资治通鉴［M］.北京：中华书局，1956.

[6] 班固. 汉书［M］. 北京：中华书局，1962.

[7] 范晔. 后汉书［M］. 北京：中华书局，1965.

[8] 陈寿. 三国志［M］. 北京：中华书局，1998.

[9] 李百药. 北齐书［M］. 北京：中华书局，1972.

[10] 令狐德棻. 周书［M］. 北京：中华书局，1971.

[11] 魏徵，等. 隋书［M］. 北京：中华书局，1973.

[12] 李延寿. 南史 [M]. 北京：中华书局，2000.

[13] 李延寿. 北史 [M]. 北京：中华书局，1974.

[14] 刘昫，等. 旧唐书 [M]. 北京：中华书局，1975.

[15] 欧阳修. 新五代史 [M]. 北京：中华书局，1974.

[16] 脱脱，等. 宋史 [M]. 北京：中华书局，1985.

[17] 脱脱，等. 辽史 [M]. 北京：中华书局，1974.

[18] 脱脱，等. 金史 [M]. 北京：中华书局，1975.

[19] 宋濂，等. 元史 [M]. 北京：中华书局，1976.

[20] 张廷玉. 明史 [M]. 北京：中华书局，1974.

[21] 赵尔巽. 清史稿 [M]. 北京：中华书局，1977.

[22] 清世祖实录 [M]. 影印本. 北京：中华书局，1985.

[23] 尚书 [M]. 北京：中华书局，2018.

[24] 礼记 [M]. 北京：中华书局，2018.

[25] 周易 [M]. 北京：中华书局，2018.

[26] 周礼 [M]. 北京：中华书局，2014.

[27] 诗经 [M]. 北京：中华书局，2015.

[28] 春秋公羊传 [M]. 北京：中华书局，2018.

[29] 墨子 [M]. 北京：中华书局，2015.

[30] 论语 [M]. 北京：中华书局，2015.

[31] 孟子 [M]. 北京：中华书局，2018.

[32] 庄子 [M]. 北京：中华书局，2015.

[33] 国语 [M]. 北京：中华书局，2013.

[34] 荀子 [M]. 北京：中华书局，2015.

[35] 桓宽. 盐铁论 [M]. 陈桐生，译注. 北京：中华书局，2015.

[36] 左传 [M]. 北京：中华书局，2016.

[37] 韩非子［M］. 北京：中华书局，2015.

[38] 管子［M］. 北京：中华书局，2019.

[39] 淮南子［M］. 北京：中华书局，2012.

[40] 吕氏春秋［M］. 上海：上海古籍出版社，2011.

[41] 董仲舒. 春秋繁露［M］. 北京：中华书局，2012.

[42] 方向东. 大戴礼记汇校集解［M］. 北京：中华书局，2008.

[43] 杜牧，许有壬. 樊川集 圭塘小稿［M］. 长春：吉林出版集团，2005.

[44] 李贤，等. 大明一统志［M］. 方志远，等点校. 成都：巴蜀书社，2017.

[45] 纳兰性德. 通志堂集［M］. 上海：华东师范大学出版社，2008.

[46] 三曹集［M］. 长沙：岳麓书社，1992.

[47] 韩愈. 韩昌黎文集校注［M］. 马其昶，校注. 马茂元，整理. 上海：上海古籍出版社，1986.

[48] 许衡. 鲁斋遗书［M］. 文渊阁四库全书本.

[49] 王钦若. 册府元龟［M］. 影印本. 周勋初，等校订. 北京：中华书局，1960.

[50] 程颢，程颐. 二程集［M］. 王孝鱼，点校. 北京：中华书局，2004.

[51] 李焘. 续资治通鉴长编［M］. 北京：中华书局，1985.

[52] 郝经. 郝经集校勘笺注［M］. 田同旭，校注. 太原：三晋出版社，2018.

[53] 龚荫. 明清云南土司通纂［M］. 昆明：云南民族出版社，1985.

[54] 索尔讷. 钦定学政全书校注 [M]. 霍有明, 郭海文, 校注. 武汉: 武汉大学出版社, 2009.

[55] 应劭. 风俗通义校注 [M]. 王利器, 校注. 北京: 中华书局, 1981.

[56] 常璩. 华阳国志校补图注 [M]. 任乃强, 校注. 上海: 上海古籍出版社, 1987.

[57] 赵翼. 廿二史札记校证 [M]. 订补本. 王树民, 校证. 北京: 中华书局, 1984.

[58] 震钧. 天咫偶闻 [M]. 北京: 北京古籍出版社, 1982.

[59] 颜之推. 颜氏家训 [M]. 李花蕾, 注译. 长沙: 岳麓书社, 2021.

[60] 徐梦莘. 三朝北盟会编 [M]. 影印本. 上海: 上海古籍出版社, 1987.

[61] 李修生. 全元文 [M]. 南京: 江苏古籍出版社, 1998.

[62] 刘向. 说苑全译 [M]. 王锳, 王天海, 译注. 贵阳: 贵州人民出版社, 1994.

[63] 欧阳修. 欧阳修集 [M]. 北京: 中国戏剧出版社, 2002.

[64] 陆学艺, 王处辉. 中国社会思想史资料选辑: 宋元明清卷 [M]. 南宁: 广西人民出版社, 2007.

[65] 朱熹. 朱子全书: 第七册 [M]. 上海: 上海古籍出版社, 2001.

[66] 戚继光. 止止堂集 [M]. 北京: 中华书局, 2001.

[67] 吴云, 李春台. 贾谊集校注 [M]. 增订版. 天津: 天津古籍出版社, 2010.

[68] 王通. 文中子中说 [M]. 阮逸, 注. 秦跃宇, 点校. 南

京：凤凰出版社，2017.
[69] 张载. 张载集［M］. 章锡琛，点校. 北京：中华书局，1978.
[70] 龚自珍. 龚自珍全集［M］. 上海：上海古籍出版社，1999.
[71] 王阳明. 传习录［M］. 广州：广东人民出版社，2021.
[72] 李昉. 文苑英华［M］. 影印本. 北京：中华书局，1966.
[73] 董诰，等. 全唐文［M］. 影印本. 北京：中华书局，1983.
[74] 洪迈. 容斋随笔［M］. 孔凡礼，点校. 北京：中华书局，2005.
[75] 大义觉迷录［M］. 长春：北方妇女儿童出版社，2001.
[76] 许衡. 许衡集［M］. 王成儒，点校. 北京：东方出版社，2007.
[77] 顾炎武. 日知录集释［M］. 黄汝成，集释. 栾保群，校点. 北京：中华书局，2020.
[78] 康有为. 康有为全集［M］. 北京：中国人民大学出版社，2020.
[79] 梁启超. 饮冰室合集［M］. 北京：中华书局，2015.
[80] 清末筹备立宪档案史料：下册［M］. 北京：中华书局，1979.
[81] 杨度. 杨度集［M］. 长沙：湖南人民出版社，1986.
[82] 松筠，黄沛翘. 西招图略 西藏图考［M］. 拉萨：西藏人民出版社，1982.